MISIONERA Y MILLONARIA

TRANSFORMANDO CULTURAS

COMO SACERDOTES Y REYES

DR. LEANNE GOFF

Misionera y Millonaria: Transformando culturas como Sacerdotes y Reyes ha captado el corazón y el mensaje de Jesús de tal manera que también atrapará tu corazón. La autora de este libro es una hija espiritual, amiga, y una líder apostólica, con la cual he caminado y he aconsejado por años. He tenido el honor de verla descubrir su identidad y cumplir su destino. Uno no se tropieza con una vida de valentía, se cultiva. Vivir la vida que estás destinado a vivir es una invitación para cada hijo e hija del Reino de Dios, y Leanne lo comunica claramente en esta lectura.

Dr Leif Hetland
Presidente y Fundador de Global Mission Awareness (Conciencia de la Misión Global)
Autor de 12 libros, incluyendo Called to Reign (Llamados a Reinar) y The Love Awakening (El despertar del amor)

Como miembro de nuestra red apostólica global The Harvest International Ministry (Ministerio Internacional La Cosecha), Leanne Goff ha impactado miles y miles de vidas al desempeñar el llamado que Dios le ha dado. Ella entiende, lo que yo llamo: "prosperidad con un propósito", y lo vive al administrar los recursos y la influencia que Dios le da para hacer avanzar su Reino. Y por la gracia de Dios, he visto el avance personal y la transformación en mi propia vida gracias al deseo de Leanne de abrazar la plenitud de su llamado como apóstol empresarial. Dios quiere bendecirte abundantemente, radicalmente, exponencialmente. Creo que este libro, *Misionera y millonaria: Transformando Culturas como Sacerdotes y Reyes*, te ayudará a desatar la fe en ti para experimentar más de esas bendiciones sobrenaturales. ¡Alístate porque tu vida no será la misma!

Dr Ché Ahn
Pastor Principal, Iglesia Harvest Rock, Pasadena, California
Presidente de The Harvest International Ministry (Ministerio Internacional La Cosecha)
Canciller Internacional de la Universidad Wagner

El libro de Leanne Goff *Misionera y Millonaria: Transformando culturas como Sacerdotes y Reyes* es un testimonio inspirador y sugerente de una vida entregada al Señor. Muy a menudo, los creyentes deseamos ser tocados por Dios, pero al descubrir nuestra verdadera identidad entonces dejamos atrás la mentalidad de pobreza y entramos en la tierra prometida de la realeza. En este libro, Leanne comparte con vulnerabilidad su historia de transformación y ofrece herramientas prácticas que te ayudarán a vencer las mentalidades limitadas que te impiden entrar en la plenitud de tu identidad de realeza como un hijo del Rey. Recomiendo encarecidamente *Misionera y Millonaria: Transformando Culturas como Sacerdotes y Reyes* a cualquiera que desee vivir en una mayor profundidad de su identidad y descubrir su asignación celestial.

Kris Vallotton
Líder Principal Asociado de la Iglesia Bethel, Redding, California
Cofundador de la Escuela Sobrenatural Bethel
Autor de 15 libros, incluyendo The Supernatural ways of Royalty (Los Caminos Sobrenaturales de la Realeza), Spiritual Intelligence (Inteligencia Espiritual) y Uprising (Levantamiento)

Creo que muchos cristianos están comenzando a entender que para hacer lo que estamos llamados a hacer, tenemos que tener los recursos adecuados y la mentalidad adecuada. Leanne Goff ha creado un libro que va a hacer precisamente eso, traerte a una mentalidad de riqueza pero también crear fe para todo lo que estás destinado. *Misionera y millonaria: Transformando Culturas como Sacerdotes y Reyes* te va a dar enormes principios basados en la propia historia de la vida de Leanne, la cual no sólo te va a encantar, sino que creo que ella tiene un don para ayudarte a crecer rápidamente. Recomiendo grandemente este libro para las personas que están buscando ver a Dios transformar el mundo y que necesitan los recursos para esa visión.

Shawn Bolz
Es autor, presentador de TV, Podcaster, Ministro

Al crecer con Leanne como mi increíble madre, he sido testigo de su fidelidad y gratitud a diario. A menudo la gente que no pertenece a tu círculo íntimo se imagina que te conviertes en lo que eres de la noche a la mañana. Rara vez pueden ver los retos de la vida y el trabajo que te cuesta llegar a ser quien eres. En este libro, te adentrarás a la vida de mi madre para ver cómo fue moldeada hasta convertirse en la increíble madre y mujer de Dios que es hoy, teniendo tanto una función sacerdotal como de realeza. Cada capítulo tiene una historia asombrosa que te permite echar un vistazo a la vida de mi madre como amiga, misionera y lo más importante, como hija de Dios. Al sumergirte en estas historias, verás maneras prácticas de hacer crecer diferentes partes de tu vida que te permitirán tener un mayor impacto en otros a tu alrededor, ¡espiritual y financieramente!

Jeff Goff
Agente inmobiliario
Equipo BC, Compass RE

Conozco a Leanne desde hace más de dieciséis años como madre espiritual. En muchos de los relatos de los que habla en este libro, he tenido la oportunidad no sólo de ser espectador, sino de vivirlos junto a ella. Este libro es un manual de transición sobre cómo usar las llaves del Reino en tu vida, ministerio, negocios y más. Te puedo asegurar que este mensaje te va a ofender, empujar, estirar y a empoderarte para que te liberes de las opiniones de la gente y de una mentalidad huérfana y esclava. Como cubano, sé con toda certeza que: ¡este mensaje te va a revolucionar! Se te revelarán principios espirituales de cómo ser un rey y no solo como vivir de la tierra al Cielo sino del Cielo a la tierra.

Josué Santiago
Pastor Principal de la Iglesia Comunidad Familia de Fe (Family of Faith Community)
Presidente y Fundador de Josué Santiago Ministries

He sido testigo de gran parte del viaje que este libro relata. Conozco a Leanne y a su familia desde hace treinta años. Ella no sólo es como familia para mí, sino que también su hija se casó con mi hermano, entrelazando nuestras familias. Comparto esto sólo para decir que puedo verificar la transformación contenida en las páginas de su historia. He observado a Leanne y Ray durante décadas trabajar fielmente en el ministerio, a veces viviendo solamente con lo básico y necesario. También he visto en los últimos años cómo Leanne se transformaba no sólo espiritualmente, sino también física y económicamente. Lee este libro extraordinario y deja que te inspire a vivir.

Dave Olson
Líder principal de la Iglesia Heartland

Atención a todos los guerreros que promueven el Reino: ¡lean este libro! Mi corazón está tan conmovido por este poderoso libro de Leanne Goff nuestra querida amiga, misionera, autora y directora general. Este libro es una brújula a la libertad y la visión del Reino. En este libro, aprenderás lo que Jesús quiso decir en Mateo 16:19 "Te daré las llaves del reino de los cielos; y todo lo que atares en la tierra será atado en los cielos; y todo lo que desatares en la tierra será desatado en los cielos". Dios está despertando el manto de sacerdote y rey (ver I Pedro 2:9) en aquellos que están listos para liderar en la Gran Comisión. Este libro es una descarga inmediata del Cielo. ¡Prepárese para un nuevo mandamiento para el Padre!

Pat Schatzline
Autor, Evangelista, y Director General de Remnant Ministries International

Esto es una obra maestra. Una obra maestra sobre la fe. Una obra maestra sobre la resiliencia. Una obra maestra acerca de conocer el corazón del Padre. Creo que lo que Dios le permitió escribir a Leanne en este libro liberará a muchas personas del miedo. Rompe con la mentalidad de pobreza y expresa la verdadera creatividad. Muestra que cuando caminas en tu propósito, Dios no tiene otra alternativa que derramar sus bendiciones y favor sobre ti. Me sentí honrado de estar en Malasia con Leanne cuando ella ya estaba llena del Espíritu. Tenía hambre de recibir más, y aunque estaba tendida en el suelo, tendió la mano a alguien que apenas conocía para recibir de lo que cargaba. Cuantas más personas sigan este ejemplo y persigan "lo más" de Dios, más se transformará el mundo. No compres un ejemplar. Compra tantos como puedas para que lleguen a las manos de tus conocidos. Les bendecirá. Estoy muy orgulloso de mi amiga.

Hugh Marquis
Autor de Take Your Framework and Stick It Up Your Pipeline: Finding a New Normal in Business

Lo siguiente es también material protegido por derechos de autor (©Leanne Goff). Está destinado únicamente a las personas con las que se comparte directamente. Al aceptar este documento, usted opera bajo un Acuerdo de No Divulgación para proteger su propiedad intelectual. Todas las escrituras están tomadas de la Versión New King James. Copyright © 1982 por Thomas Nelson. Usado con permiso. Todos los derechos reservados.

Para la traducción al español todas las Escrituras están tomadas de la versión Reina Valera 1960

ÍNDICE

Agradecimientos	13
Prólogo	15
Prefacio	17
Introducción	19
Capítulo 1: Una nueva identidad, una nueva forma de pensar	23
Capítulo 2: Temporadas de pruebas	41
Capítulo 3: Un rompimiento inesperado	57
Capítulo 4: Una temporada de aceleración	71
Capítulo 5: Nuestro llamado como sacerdotes y reyes	91
Capítulo 6: El Negocerio que cambia la cultura	115
Capítulo 7: El ritmo y la responsabilidad del Negocerio	141
Capítulo 8: Las Herencias del Cielo	161
Capítulo 9: Vivir en tu Por qué	177
Conclusiones	191

AGRADECIMIENTOS

A los sacerdotes y reyes de mi vida: en primer lugar, a mi Señor y Salvador Jesucristo, que no sólo me demostró cómo son y cómo funcionan un sacerdote y un rey, sino también cómo ser una niña pequeña con un papá grande cuando no conocía a nadie que viviera en esa identidad de forma efectiva.

Leif Hetland, que me ha enseñado a llevar el ritmo del Cielo en lo que se refiere al ministerio y a los negocios: negocerio. Llevo tres años y medio practicando este ritmo y cada vez lo hago mejor.

Papá Jack Taylor, mi abuelo espiritual, recibió su promoción al Cielo en abril de 2021. Papá Jack entendía el Reino de Dios mejor que nadie que yo conozca. Amaba como un sacerdote y sabía vivir como un rey, reinando y gobernando con toda autoridad. Ya no hay velo entre el Cielo y él, y ahora ve las cosas con claridad. Si se me pudiera conceder algo de este lado del Cielo, sería sentarme con Papa Jack durante una hora y que compartiera conmigo cómo es realmente vivir como sacerdotes y reyes.

A mi hermano espiritual, Paul Yadao. Paul y su esposa Ahlmira, tuvieron que recorrer su propio camino, aprendiendo como funcionar no sólo como sacerdotes religiosos, sino también como poderosos reyes, cambiando la cultura en veintitrés naciones asiáticas.

Willie Santiago, mi querido amigo en Cuba, estaba viviendo como un rey cuando todos los sacerdotes pensábamos que estaba loco. Pero no lo estaba. Hace dieciocho años, Willie pensaba como un hombre de negocios en Cuba cuando todavía era ilegal hacerlos. Como resultado, ha establecido algunos negocios muy exitosos desde su corazón sacerdotal que están impactando a Cuba para el Reino de Dios.

Pat Schatzline fue el primer ministro que escuche predicar un mensaje sobre sacerdotes y reyes: "Restaurando a los Reyes Sacerdotales".

Quedé atrapada con un mensaje que no pude evadir, y por eso este libro. Gracias Pat, por despertar en mí un libro que nunca estuvo en mi lista de sueños pero que, sin embargo, es un sueño que se está cumpliendo.

PRÓLOGO

"En la cosecha participa el pueblo, pero la transformación tiene lugar a través de los reyes". C. Peter Wagner, mi padre espiritual y mentor, escribió esas palabras para describir el impacto que los cristianos están llamados a tener en nuestro mundo. La cosecha, cuando las almas perdidas llegan a la salvación en Jesucristo, es algo con lo que la mayor parte de la iglesia está familiarizada. Muchos creyentes reconocen la importancia de colocar la Gran Comisión (véase Mateo 28:18-20) en el centro de nuestras vidas y ministerios. ¿Pero la realeza y la transformación? Esas son cosas que requieren un cambio de paradigma definitivo.

Como sabemos, los líderes geopolíticos, incluidos los actuales monarcas, tienen la gran responsabilidad de administrar su autoridad y transformar la sociedad para bien. Pero hay una verdad más profunda en las palabras de Peter Wagner.

La Palabra de Dios nos dice que todos los creyentes son reyes y sacerdotes ante Dios (véase Apocalipsis 1:6; 5:10; 1 Pedro 2:9). Según las Escrituras, no hay diferencia entre el "ministro" detrás del púlpito y el líder en el ámbito empresarial detrás del escritorio del director general. Creo que cuando la comunidad eclesiástica y la comunidad de negocios se unan, veremos una explosión de avivamiento. Ahora es el momento, en este capítulo trascendental de la historia, de que reconozcamos nuestra asignación de realeza de ser embajadores del Reino y agentes de transformación.

En este libro, mi buena amiga Leanne Goff nos invita a unirnos a ella en su viaje de transformación con Jesús. Leanne ilustra con honestidad y humildad los principios de la vida en el Reino contando su historia y compartiendo verdades bíblicas que refrescarán tus sentidos espirituales. Lo más característico de ella es que carga con un corazón de honor y lleva una vida de integridad reflejando el corazón del Padre.

Como miembro de nuestra red apostólica global, Harvest International Ministry (Ministerio Internacional La Cosecha), Leanne ha impactado miles y miles de vidas ejerciendo el llamado que Dios le ha dado. Ella entiende lo que me gusta llamar "prosperidad con un propósito", y lo vive administrando los recursos y la influencia que Dios le da para hacer avanzar su Reino. Y, por la gracia de Dios, he visto un avance personal y una transformación en mi propia vida gracias al deseo de Leanne de abrazar la plenitud de su llamado como apóstol empresarial.

Dios quiere bendecirte abundante, radical y exponencialmente. Creo que este libro te ayudará a desatar la fe en ti para que experimentes más de esas bendiciones sobrenaturales. ¡Prepárate porque tu vida no será la misma!

Dr. Ché Ahn
Pastor Principal, Harvest Rock Church, Pasadena
Presidente de The Harvest International Ministry (Ministerio Internacional La Cosecha)
Canciller Internacional de la Universidad Wagner

PREFACIO

Misionera y Millonaria: Transformando Culturas como Sacerdotes y Reyes ha captado el corazón y el mensaje de Jesús de tal manera que capturará tu corazón. La autora de este libro es una hija espiritual, amiga y líder apostólica con la que he caminado y a la que he aconsejado a lo largo de los años. He tenido el honor de verla descubrir su identidad y cumplir su destino. Una vida valiente no se encuentra por casualidad; se cultiva. Vivir la vida que uno está destinado a vivir es una invitación para todos los hijos e hijas de Dios del Reino, y Leanne lo transmite claramente.

Hace dieciséis años, Leanne y su marido Ray, llegaron a mi vida. Durante casi seis años, Leanne fue nuestra directora ejecutiva, así como mi asistente personal, mientras que Ray era mi director de recursos de Global Mission Awareness. Leanne llegó con un corazón de sacerdote, misionera, ministro, sierva y mujer de Dios en pos del corazón de Él. Podría fácilmente impresionarles con la vida y ministerio de Leanne compartiendo los sacrificios y las estadísticas de lo que es una amante entregada a Jesús. La he visto pasar por dolores y dificultades inimaginables y aún así salir del otro lado como una vencedora.

Como padre espiritual, ha sido un gran honor ver a esta huérfana espiritual encontrar su camino a Casa y descubrir a Jesús el Sumo Sacerdote y Rey en su condición de hija y ahora estar influenciando y discipulando naciones, así como impactando un negocio de más de 45 mil personas. A menudo le digo a Leanne: "Tienes una de las iglesias más grandes que conozco".

Este libro es una lectura obligada para cualquiera que piense en grande, sueñe de forma salvaje y sepa que aún le falta una pieza para experimentar la plenitud total de Dios en la vida. Hay un nuevo matrimonio de la unción sacerdotal y de realeza que está teniendo lugar en el Reino de Dios, y el libro de Leanne te da una hoja de ruta para un viaje en cómo lograr eso. Este divorcio silencioso de los dos ha afectado al Cuerpo de Cristo de tal manera que hemos pasado de ser los que influencian a los más influenciados por el mundo.

Personalmente, como hijo, esposo, padre, director general, misionero y ministro, he descubierto que en cada persona hay un cordero y un león. Jesús, el Sacerdote, Rey y Profeta, quiere que conozcas tu verdadera identidad, experimentes la transformación, cumplas tu propósito divino y que vivas una vida de abundancia en los negocios y el ministerio. Este libro es un viaje, escrito por una guía en quien puedes confiar para ayudarte a encontrar la vida que estás destinado a vivir.

Dr. Leif Hetland
Presidente y fundador de Global Mission Awareness (Conciencia de la Misión Global)
Autor de 12 libros, entre ellos Called to Reign (Llamados a Reinar) y The Love Awakening (El Despertar del Amor)

INTRODUCCIÓN

"Vosotros sois linaje escogido, real sacerdocio, nación santa, pueblo adquirido por Dios, para que anunciéis las virtudes de aquel que os llamó de las tinieblas a su luz admirable". 1 PEDRO 2:9

Al igual que muchos cristianos, crecí con dos ideas básicas erróneas sobre cómo se supone que debe funcionar la iglesia. Una era que el trabajo del ministerio se divide en aquellos que realmente hacen el trabajo: ministros profesionales y voluntarios y aquellos que están en el área empresarial que los apoyan financieramente. La otra era que la carencia económica era sólo una parte del sacrificio de servir a Dios. Los que trabajaban en los negocios que apoyaban el ministerio solían tener mucho dinero, pero casi nadie que sirviera a Dios en "primera línea" tenía dinero y eso era normal y natural. Como Jesús y los discípulos, nos dedicábamos a cosas más espirituales.

Por supuesto, aunque ciertos versículos bíblicos pueden ser utilizados para apoyar estos malentendidos, no son en absoluto la verdadera imagen bíblica.

Mi esposo Ray y yo lo descubrimos con el tiempo, a medida que Dios nos guiaba hacia una mayor comprensión y abundancia. Fue necesario un cambio de paradigma bastante grande para empezar a ver el ministerio de una manera nueva, sin las divisiones que a menudo hemos puesto entre el ministerio y los negocios. Hemos llegado a ver toda la vida como ministerio, y hemos aprendido que nuestro Padre, el Rey del universo, cuyos recursos son ilimitados está interesado en establecer su Reino en todos los sectores de la sociedad. Y Él es muy creativo en cómo lo hace y en las personas que utiliza. Hemos aprendido que Él no divide ni categoriza su obra en la forma en que su pueblo a menudo ha creído.

Este libro describe ese viaje de una mentalidad a la otra y de un lugar de carencia a un lugar de abundancia: no enriquecerse, sino crear riquezas (véase Deuteronomio 8:18). Incluye historias de otros ministros y da ejemplos de mi propia vida, pero las verdades que contiene pueden aplicarse a la vida de cualquiera. No es sólo para personas que han trabajado en el contexto en el que yo lo he hecho como misionera y pastora con una función apostólica, es para maestros, evangelistas, profetas, líderes de alabanza, maestros de la escuela dominical, trabajadores de guarderías de niños, así como gente de negocios, abogados, trabajadores de la construcción, administradores, políticos, plomeros y todos los demás que son hijos o hijas de Dios y quieren aprender a entrar en una vida de mayor fructificación y abundancia.

Es para todos los que anhelan cumplir su asignación y caminar en su destino para el Reino de Dios.

Hablo mucho de sacerdotes y reyes en este libro. Con eso no me refiero a sacerdotes y reyes literales como los definiría el diccionario. Me refiero a las dos caras de nuestro llamado. Los hijos e hijas de Dios han sido llamados a desempeñar una función sacerdotal y una función de realeza, un sacerdocio real como lo llaman las Escrituras (véase I Pedro 2:9).

Los sacerdotes están llamados a representar a Dios ante los seres humanos y a los seres humanos ante Dios. Todo creyente tiene ese llamado, pero cada creyente es también un hijo del Rey, llamado a influir en la sociedad a todos los niveles. Somos de la realeza. Estamos destinados a gobernar y reinar con Dios, con autoridad en nuestro mundo de hoy y por toda la eternidad. Históricamente, la Iglesia se ha centrado en el papel sacerdotal, pero a menudo ha pasado por alto nuestra misión de realeza. Ese es el lado en el que tenemos que crecer.

Vivir nuestra misión de realeza no significa dejar atrás nuestras funciones sacerdotales. Éstas siguen siendo absolutamente esenciales. Pero podemos seguir desempeñando nuestras funciones sacerdotales al mismo tiempo que entramos en el ámbito de los reyes. Los sacerdotes aportan la sabiduría, el poder y el amor de Dios a las situaciones humanas, pero rara vez transforman la cultura. Los reyes líderes del gobierno, de los negocios y de las instituciones de la sociedad son los que están en posiciones de transformar la sociedad.

Si necesitamos un buen modelo para ello, sólo tenemos que mirar a Jesús, quien fue y es a la vez Sacerdote y Rey. Él sabía cómo interactuar con la gente de las altas esferas y los líderes empresariales, así como con los líderes religiosos y la gente común. Nosotros también estamos llamados a ejercer ese tipo de influencia. El sacerdocio y la realeza forman parte de todo lo que hacemos.

Puedes ser un rey independientemente de la asignación que Dios te haya dado. Puedes adorar dentro de las cuatro paredes de una Iglesia y encontrarte con Dios, pero representas al Rey fuera de ellas. De un modo u otro, estás llamado a ser un influyente representante del Reino de Dios.

Espero que en las páginas que siguen tengas una visión de cómo hacerlo. Aunque gran parte de este libro cuenta la historia de cómo aprendimos a ver a Dios, el ministerio y la provisión de una manera totalmente nueva, es mucho más que una historia. Está lleno de verdades y enseñanzas que Dios nos ha mostrado en cada paso del camino. Te animo a que tomes esas verdades y enseñanzas y las apliques a tu propia vida. Te sorprenderá ver cómo Dios te guía y te provee como rey y sacerdote para que lo representes bien, influyas en el mundo que te rodea y veas su Reino venir por ti, en ti y a través de ti.

1

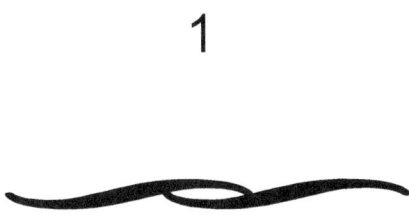

UNA NUEVA IDENTIDAD, UNA NUEVA FORMA DE PENSAR

Siempre quise ser misionera. Cada vez que un misionero venía a

nuestra iglesia bautista en Kenner, Louisiana, me sentaba en el primer banco y escuchaba sus historias. Estaba pegada a las diapositivas que presentaban. Me encantaban las escenas empresariales y orfanatos de todo el mundo. Cada vez que los predicadores pasaban con el proyector de una diapositiva a otra, casi me sentía como si estuviera en ese lugar. Esperaba algún día estar allí.

Ray y yo hicimos nuestro primer viaje a Honduras en 1982 y nos encantó. Nos picó el mosquito de la misión y nos infectamos con el virus de la misión. Volvimos de aquel viaje intentando averiguar cómo dedicarnos a la misión a tiempo completo. Hicimos otros viajes de corto plazo y eventualmente nos entrenamos con Juventud Con Una Misión (JUCUM) en Lindale, Texas. Pasamos dos años y medio con JUCUM en los Estados Unidos y durante este tiempo estuvimos ministrando en Guatemala. Luego pasamos diez años con Teen Challenge en los Estados Unidos, dirigiendo equipos misioneros de Teen Challenge queperiódicamente iban a México

Así que cuando se nos ofreció la oportunidad de trasladarnos a México en 2002, la aprovechamos. Renunciamos a nuestra posición en Teen Challenge y nos mudamos al sur. ¡Estábamos en el campo misionero! Me encantó estar allí.[1]

No fue como esperábamos. Tuvimos algunos retos y contratiempos en esa época de mi vida y, francamente, yo no estaba en condiciones de manejarlos bien. Después de cinco meses, regresamos a los Estados Unidos. Yo estaba devastada, por decir lo menos. En todo ese esfuerzo a lo largo de los años por servir a Dios como misionera, me había estado esforzando. Estaba ocupada tratando de hacer su voluntad y salvar al mundo, trabajando duro desde un corazón lleno de inseguridades, miedos, decepciones y una necesidad de ser alguien significativa en su Reino. Era más de lo que yo, o cualquiera, podía manejar.

Vivía *para* Dios en lugar de vivir *desde* Él. En lugar de descansar, estaba luchando.

Cuando regresamos de México en 2002, sentí que le había fallado a Dios. Todo mi sueño se había esfumado. Había llegado al campo misionero, y me sentía increíble de estar allí, pero luego se vino abajo. Sentí que había perdido mi oportunidad. Me preguntaba si Dios volvería a usarme. Sé que parece una locura, pero así es como piensa alguien con mentalidad de huérfano.

Cuando volvimos a Estados Unidos, no sabíamos dónde vivir. Nuestras dos opciones principales eran Iowa, donde vivía nuestra hija con su marido y sus hijos, o Tennessee, donde vivía nuestro hijo. Elegimos Iowa. Aunque me encantaba estar cerca de nuestros nietos, no era el campo de misión con el que soñaba. Estar en Iowa o en cualquier otro lugar de Estados Unidos me parecía una sentencia de muerte. Caí en una espiral de depresión cada vez más profunda.

Sentía que Dios me había abandonado. Y yo sentía que estaba renunciando a todo y a todos.

Trabajé para una compañía de seguros durante unos meses. Me sentaba en un cubículo y tecleaba unas 40.000 recetas al día. Era un trabajo, pero no era para lo que yo había sido creada.

Amaba a Dios, y amaba servirle. Pero me encontraba en un territorio que no era familiar, como si me hubiera apartado de la visión que Él me había dado para mi vida. Había estado en avivamientos por todo el mundo: la iglesia del Dr. David Yonggi Cho en Corea del Sur cuando estaba recién casada, el avivamiento de Brownsville muchas veces durante nuestra temporada con Teen Challenge, y muchos lugares donde Dios estaba haciendo cosas asombrosas. Pero yo era una mujer desesperada que no sabía dónde estaba Él.

Como nueva residente en Iowa y con el invierno entrando, sentí una nube de depresión cerniéndose sobre mí. Mi médico me sugirió antidepresivos para ayudarme a controlar el estado en el que me encontraba. Buscaba desesperadamente un rompimiento, así que pensé: *¿Por qué no sucede?* En mi trabajo, muchas veces iba al baño y me quedaba llorando. *Dios, ¿qué he hecho mal? ¿Me estás castigando?* Me sentía abandonada.

No pensaba como una hija de Dios. Mi mente de huérfana me tenía paralizada.

Antes de nuestra breve estancia en México, nuestro yerno, pastor de alabanza, sabía de un avivamiento que estaba ocurriendo en Toronto. Algunas veces me enviaba DVDs de gente como Randy Clark y Heidi Baker ministrando allí. Aunque había estado en avivamientos antes y había tenido grandes experiencias en ellos, no tenía ningún deseo de ir a Toronto. Tenía pensamientos de orgullo y de huérfana: *"He estado allí, he hecho eso. ¿Por qué lo necesito?"*

Así que seguía deprimida y desesperada. Un día, me tiré al suelo del salón y clamé a Dios. *"Algo tiene que cambiar"*, le dije. *"Sé que no me creaste para vivir así. Ya no me importa mi reputación, mi ministerio, mis credenciales ni ningún título. Los rindo todos ante ti"*.

Era la oración de un corazón desesperado y dolido. Sentí que algo empezaba a cambiar, como si aquel momento fuera un punto de inflexión en mi vida.

Cuando me enteré de que nuestra iglesia iba a llevar su primer equipo al avivamiento de Toronto, conocido entonces como "La bendición del Padre", fui una de las primeras en apuntarme. Recuerdo que le dije a mi pastor que, aunque conocía a Jesús como Salvador y amigo y me sentía muy cerca de Él, me costaba ver a Dios como mi Padre. Sabía que lo era, esa es una verdad bíblica básica que los creyentes de todo el mundo aceptan como verdadera y correcta. ¿Pero *mi* Padre? No se sentía tan personal.

Eso se debe a que veía a Dios a través de los lentes de mi padre biológico, el cual no estaba presente en mi vida y siempre mantenía las distancias. Él estaba completamente distante. Sabía que esa falta de relación afectaba mi visión de Dios, pero no sabía cómo cambiarla. No podía superar la sensación de que Dios era un Padre distante e indiferente. Esta es una situación común para los huérfanos cuando tienen un padre adoptivo, luchan con la idea de cuánto los ama ese padre. Lo mismo ocurre con muchos cristianos que se consideran huérfanos espirituales. Sabemos que Dios es nuestro Padre, pero no siempre nos sentimos adoptados. Y no sabemos cómo llevar ese conocimiento de la cabeza a lo más profundo de nuestro corazón.

Sentía que Dios era alguien que sólo me toleraba en lugar de celebrarme. Si necesitaba algo de Él, iría directamente a mi hermano Jesús. Dios le respondería porque Él era su Hijo.

No sabía qué esperar yendo a un avivamiento conocido como "La Bendición del Padre", pero de alguna manera pensé que Dios podría sentirse atraído por mi corazón desesperado.

Llegamos tarde la noche anterior al inicio de la conferencia. La primera sesión estaba prevista a las 2:00 de la tarde del día siguiente. Como las cataratas del Niágara estaban a sólo una hora, nuestro grupo decidió hacer una excursión a las cataratas. Pero cuando estábamos subiendo al van, nuestro yerno y yo decidimos que no queríamos ir. No habíamos venido a Toronto para hacer turismo. ¡Necesitaba un toque de Dios! Al igual que la mujer que tuvo que abrirse paso entre la multitud para tocar el borde del manto de Jesús para que Él la tocara, yo estaba desesperada por Él. No quería perderme nada, aun ese momento mientras la gente de la conferencia aún se estaba preparando para las miles de personas que estaban a punto de reunirse en el auditorio.

En cuanto entré en la iglesia, sentí un amor que nunca había conocido. Me senté allí durante cuatro horas antes de la primera sesión. Me senté y esperé. Escuché el calentamiento del equipo de alabanza y vi a la gente entrar y salir mientras se colocaban las sillas. Me empapé de todo.

Unas cuatro mil personas de todo el mundo iban a asistir al evento. Todo el mundo recibió una identificación de uno de los cuatro colores para que pudiéramos rotar y sentarnos delante. Las personas con cordones azules se sentaron delante el primer día, los naranjas el siguiente, y así sucesivamente. El primer día nos sentamos atrás, así que allí acampé mientras esperaba.

Finalmente, nuestro grupo regresó al comenzar la primera sesión y, tras un tiempo de culto, los responsables de la conferencia dieron la bienvenida a los asistentes de los distintos países. "¿Dónde está nuestra gente de Australia? ¿De Inglaterra? ¿De los Países Bajos?" Había gente de casi todas partes, así que la lista era larga. Luego preguntaron por "nuestra familia de México".

Nuestro pastor se volvió hacia mí y me dijo: "¿No desearías ser ellos?".

"Sí", dije, frustrada. "¡Prefiero estar con ellos que contigo!". Él sabía por lo que había estado pasando. Entendió lo que quería decir.

John Arnott, el pastor principal de Toronto, invitó entonces a todos los mexicanos a pasar al frente para recibir la oración. Luego dijo: "Y si hablan español, quiero que bajen".

Pensé, *Wow, van a orar por gente que habla español*. Yo sabía algunas palabras, pero era un español muy malo. Aun así, ese poquito me bastó. Fui al frente y me encontré con un montón de gente de piel y pelo oscuros con las manos extendidas para recibir la oración. Estoy segura de que el equipo ministerial se preguntó por qué estaba yo allí entre todos aquellos hispanos.

Más tarde, me enteré de lo que John Arnott realmente dijo: "Si hablas español, quiero que bajes y ores por ellos". Supongo que Dios no quería que oyera la última parte. Me había tendido una trampa. Él sabía que yo estaba desesperada por escuchar siquiera un indicio de una invitación. Oí lo que necesitaba oír para que me pusiera delante de ellos.

Mi pastor me dijo más tarde: "Leanne, te robaste la primogenitura".

Mientras estaba allí arriba, hambrienta de recibir un toque de Dios, alguien del equipo de oración se acercó y dijo: "¡Más, Señor!". Caí al suelo y estuve dos horas y media, pegada al suelo y llorando como un bebé. No podía mover los brazos ni abrir los ojos. Sentí que el amor de Dios entraba y salía de mí todo el tiempo. Esto empezó antes de la predicación, que seguro que fue estupenda, pero yo no oí nada. Cuando abrí los ojos dos horas y media después, vi a otras cien personas tiradas en el suelo como yo. Todos los demás se habían ido a cenar.

Después de levantarme e ir al baño a limpiarme la cara de tanto llorar, volví a sentarme en el auditorio vacío y pregunté: "Dios, ¿qué ha pasado?".

El encuentro que tuve con Él durante esas dos horas y media es indescriptible. Pero lo que Él dijo transformó mi vida. "Leanne, has sido una mujer de virtud, una mujer de pasión, una mujer conforme a mi corazón, y una mujer de Dios. Pero ya no quiero una mujer de Dios. Quiero una niña pequeña que sabe que tiene un gran papá". No hace falta decir que estaba temblando.

Siempre había dado prioridad a ser una mujer de Dios para que Él pudiera usarme. ¿Pero una niña pequeña con un papá grande? Nunca había pensado en Él, ni en mi misma, de esa manera.

Pero todavía había un gran problema: no sabía cómo convertirme en esa niña. Tenía que descubrir cómo llevar a cabo lo que Él deseaba. Conocía a un montón de pastores, evangelistas, líderes de adoración, ministros y misioneros. Pero no conocía a nadie que estuviera viviendo plenamente su vida con Dios como su verdadero hijo o hija.

Así que le pedí a Jesús que me enseñara a ser hija de Dios. Él sabía cómo ser un hijo, ¡seguramente Él podría enseñarme cómo ser una hija con un gran Papá! Fue entonces cuando todo pareció cambiar. Ya no caminaba igual. Ya no hablaba igual. Ya no pensaba igual. Ya no vivía igual.

CONVERTIRME EN HIJA ESPIRITUAL

Había oído hablar de Randy Clark y de su ministerio Global Awakening, que incluía una red llamada Red Apostólica del Despertar Global (Apostolic Network Global Awakening ANGA). No estaba segura de cómo era el papel de un apóstol, pero estaba ansiosa por aprender. Participé en un viaje ministerial que Randy organizó a China en junio de 2006, y en ese viaje supe de un pastor llamado Leif Hetland y de lo apasionado que estaba por Cuba. Me llamó la atención porque había estado en Cuba varias veces en los dos últimos años.

Desde mi experiencia en Toronto, había desarrollado mi propio ministerio durante esa temporada (Misioneros en Acción MIA) que acogía a equipos que iban a varias naciones. Teníamos nuestra sede en Iowa y estábamos asociados con una iglesia de allí. Tenía una gran junta directiva y varios misioneros que trabajaban conmigo. Además de acoger a los equipos, cuidábamos de los misioneros proporcionándoles apoyo, gestionando sus boletines informativos, orando por ellos y empoderándoles para hacer lo que Dios les había llamado a hacer. Y parte de lo que hicimos me llevó a Cuba. Esa nación capturó mi corazón tan fuertemente que le pedí a Dios en marzo de 2006 que me la diera como herencia, durante nuestra primera conferencia de pastores allí en Cárdenas.

En octubre de ese año fui ordenada por la red de Randy y en su conferencia de la Voz de los Apóstoles descubrí que Leif Hetland iba a ser ordenado al mismo tiempo que yo. Así que cuando Leif fue presentado en nuestra reunión de la red, me propuse ir a verle en uno de los descansos y presentarme.

"Me llamo Leanne Goff", le dije, "y tengo entendido que vas a Cuba".

"Sí, voy a menudo", me dijo.

"Yo también voy desde hace tiempo".

"Hablemos", respondió.

El último día del evento volvimos a conectar. Llegué a conocer a Leif en los meses siguientes, y él fue capaz de poner palabras a mi experiencia en Toronto. Cuando le conté el encuentro que había tenido, me dijo: "Leanne, tuviste un bautismo de amor".

Siempre había oído hablar del bautismo de agua, del bautismo de arrepentimiento, pero nunca había oído hablar de un bautismo de amor. Este es en realidad el núcleo de la enseñanza de Leif y lo expresa de una manera tan hermosa. Después de tres años preguntándome cómo describir lo que me había sucedido en el suelo en esa conferencia, por fin tenía un lenguaje para ello.

Unos meses más tarde, Leif y yo unimos nuestros equipos en un viaje a Cuba. Durante los dos primeros días, le vi correr de un lado para otro intentando conseguir un carro de alquiler, ocuparse de todos los pequeños detalles y llevar a la gente de un lado para otro. Aquí estaba el líder de un ministerio de renombre mundial tratando de manejar todo por sí mismo.

"¿No tienes a nadie que te ayude con todo esto?", le pregunté.

"No, no tengo", me dijo. Tenía un asistente de oficina en casa, pero no tenía a nadie que le ayudara con la logística y los detalles del viaje.

"Voy a orar para que Dios te envíe a alguien".

No sabía que me estaba metiendo a mí misma en esa situación. No había pensado en asumir esa responsabilidad. Yo era la fundadora y presidente de mi propio ministerio en Iowa. Viajé a lugares como Mozambique y México, además de Cuba. No me imaginaba como asistente de otro ministerio.

Unos meses después de ese viaje a Cuba, la licencia que Leif tenía del gobierno de Estados Unidos para ir a Cuba expiró.

Su asistente en la oficina también había dimitido. "¿Por qué no bajamos Ray y yo para ayudarte durante una semana?" le sugerí. Yo había hecho la solicitud de mi licencia para Cuba durante años, y supuse que podríamos ayudar con eso y algunos otros asuntos administrativos.

Así que Ray y yo hicimos un viaje a Alabama, donde se encontraba entonces el ministerio de Leif. Mientras estuvimos allí, todo parecía encajar. En pocas semanas, nos mudamos de Iowa a Alabama, sólo por un año para ayudarlo a él y a su esposa Jennifer.

Casi al final de ese año de trabajo con Leif y Jennifer, hice mi primer viaje a Pakistán con Leif. Él es muy exigente con las personas que lleva a Pakistán debido a la misión única que tiene de ministrar a grupos de difícil acceso y altos niveles de liderazgo allí. No abre sus viajes a Pakistán a cualquiera que quiera participar. Es sólo por invitación. Así que realmente fue un gran honor ser parte de ese equipo.

Yo ya había viajado a unos treinta países, pero ese viaje a Pakistán fue como ningún otro en el que había estado. Tuvo un gran impacto en mi vida.

Es muy difícil comunicar ese tipo de experiencia a alguien que nunca ha estado en ese país. Es como pedirle a un astronauta que describa cómo es ir a la luna. No hay palabras para describirlo. Parece que los pakistaníes nunca duermen. Oran cinco veces al día, a partir de las 5 de la mañana. El honor es muy valorado en la cultura musulmana, aunque no siempre es un honor del Reino. Las mujeres están literalmente detrás de un velo, cubiertas de la cabeza a los pies bajo una temperatura de calor de 130 grados fahrenheit. A los occidentales nos cuesta levantarnos e ir a la iglesia los domingos por la mañana, pero los pakistaníes literalmente morirían por lo que creen. Todo esto me dejó perpleja. Es realmente difícil de describir.

De regreso a Estados Unidos, nos detuvimos un par de días en Dubai para descansar. Era Ramadán, así que no había restaurantes abiertos, excepto en los hoteles. Para desayunar, nuestro equipo bajó al restaurante del hotel donde los turistas se habían reunido para comer. Leif y yo estábamos sentados en la mesa uno frente al otro cuando me sorprendió con una pregunta.

"¿Cuál es tu posición dentro de la familia de GMA?", me preguntó. Global Mission Awareness (Conciencia de la Misión Global) es el nombre de su ministerio, y todos los asociados a él son "familia". En realidad, Leif ve todo el Reino de Dios como una familia. Él no tiene "conferencias", son "Reuniones Familiares". Pero en este momento, él quería saber dónde encajaba yo dentro de la "familia" de su ministerio.

"¿Qué quieres decir con 'dónde encajo'?", le pregunté. No tenía ni idea de lo que estaba hablando.

"¿Dónde te ves a ti misma?"

"Bueno, soy tu asistente personal. Tu administradora". No sabía qué más decir.

"Quiero ser tu padre", dijo.

Leif es unos diez años más joven que yo, pero él tiene un corazón de padre. Él tiene muchos hijos e hijas espirituales alrededor del mundo. Yo había visto cómo dos de ellos, Paul y Ahlmira Yadao de las Filipinas, le escribieron correos electrónicos a "Papá Leif", y pensé que sonaba un poco extraño.

Le dije: "¡No estoy preparada para llamarte papá Leif!".

Nunca conocí a mi padre biológico, pero con mi bautismo de amor cuatro años antes en Toronto, supe que Dios era mi Padre. Y eso me parecía muy bien. Había llegado a un lugar donde Él ya no era sólo Dios, Él era *mi* Padre, un Padre para esta huérfana de padre. Sinceramente, ya no creía necesitar un padre humano.

Pero cuando Leif hizo esa pregunta, empecé a llorar, recogí mi bolso, me puse de pie, y dije: "¿Podemos hablar de esto en privado?"

"No, vamos a hablar aquí mismo".

Creo que tenemos diferentes habitaciones en nuestros corazones: una para Dios, una para nuestro padre biológico, madre, hermanos, cónyuge, e hijos; y habitaciones para otros que están en relación de pacto con nosotros. Yo tenía 50 años, y esa habitación para mi padre, no Dios como mi Padre, sino un padre terrenal, de carne y hueso, nunca había sido abierta por un ser humano. Ese día, Leif extendió la mano, la abrió, empezó a hurgar en esa habitación. Y me dolió.

Durante los meses siguientes, sentí que quería morir. Quería emborracharme o ir a cavar un agujero en nuestro patio trasero y enterrarme. Me dolía tanto.

Iba a la oficina y lloraba. No usé maquillaje durante semanas porque sabía que lloraría. Volvía a casa y preparaba la cena para Ray y para mí, y después encendía unas velas, ponía música, me metía en el jacuzzi y lloraba.

Le gritaba a mi Padre Celestial: "¿Por qué necesito un padre espiritual? ¡Te tengo a ti! ¡Tú eres suficiente! No necesito a nadie más. No podía entender lo que estaba pasando porque yo intentaba entenderlo con la mente no con el corazón.

Nuestro compromiso de un año con Leif y Jennifer terminó ese diciembre siguiente, pero Dios estaba haciendo algo nuevo en mi corazón, y sabíamos que teníamos que quedarnos.

El siguiente febrero, Leif fue diagnosticado con un tumor en el abdomen. No estábamos seguros si era maligno o no. Personas de todo el mundo comenzaron a ponerse en la brecha por él.

Al entrar en el quirófano, los médicos estaban preocupados de que saliera con una colostomía. Afortunadamente, el tumor era benigno, y la colostomía no fue necesaria. Pero Leif tuvo que recuperarse durante varias semanas, lo que significaba que no podría viajar ni ejercer su ministerio.

Cancelamos la mayoría de los compromisos ministeriales de Leif, pero para un par de ellos, se apoyó de su hijo espiritual Paul Yadao de Filipinas. Acompañé a Paul a uno de los viajes a Iowa. El primer día estaba hablando a unos doce líderes ministeriales en un lugar pequeño, y después del almuerzo nos hizo tomarnos un tiempo para estar quietos ante Dios y "conocerle".

Me encontré en el suelo durante esa sesión. Mientras estaba inmóvil, sentí algo como un rayo de luz que salía del cielo, aunque yo estaba boca abajo. Dios me habló y me dijo: "Hija mía, puse a Leif en tu vida para que sea tu padre".

"¿Lo hiciste?" Empecé a llorar.

Paul no sabía lo que pasaba, pero se acercó, se arrodilló a mi lado, me rodeó con sus brazos y me abrazó. Al hacerlo, sentí como si un relámpago lo atravesara y cayera dentro de mí. El poder de Dios nos invadió a los dos.

"Paul, puedo llamarle papá Leif", le dije.

Paul estaba consciente de mi dificultad con ese lenguaje. Yo no lo captaba, ¡pero en ese momento me captó a mí! Cuando captamos algo, nos cambia. Pero cuando algo nos capta, nos transforma.

Aquí estaba yo, cuatro años después del encuentro de Toronto, pasando a otro nivel de transformación.

Después de aquella experiencia, dejé que Leif entrara de lleno en mi vida como mi padre espiritual, y estoy muy agradecida de haberlo hecho. Nuestro año de servirle se convirtió en más de cinco. Si tuviera que elegir entre restablecer mi relación con mi padre biológico o que Leif me sirviera de padre, elegiría a Leif, sin lugar a duda. No puedo evitar llamarlo "Papá Leif" ahora.

LA MENTE DE UNA HIJA DEL REY

La siguiente temporada de mi vida fue un período de continua y masiva transformación. Mis pensamientos empezaron a cambiar en muchos sentidos. Pasé a un nuevo nivel de pensamiento: de la perspectiva de una huérfana a la de una hija, aprendiendo a ser esa pequeña niña con un papá muy grande. Empecé a aprender a servir no sólo en la función sacerdotal, sino también en la función de realeza, estableciendo el Reino en todos los ámbitos de mi vida. Y con esa identidad de realeza, toda mi perspectiva sobre las finanzas comenzó a cambiar. Fui de tener una perspectiva de escasez o carencia a ver una realidad de plenitud y abundancia.

Con cada uno de esos cambios, las circunstancias de mi vida también habían cambiado drásticamente. Cuando Dios va a transformar las situaciones en nuestras vidas, Él comienza por transformar la forma en que pensamos, vemos y oímos. Un cambio interior siempre viene antes de un cambio exterior. He visto esto una y otra vez, y cada vez que sucede, me encuentro en situaciones radicalmente diferentes a las que estaba antes. Dios estaba reformando mi vida en respuesta a cosas que yo había orado muchos años antes, pero no sabía cómo entrar en ellas.

Una de esas transformaciones radicales fue en mi visión del dinero. Durante nuestros años de misioneros, teníamos la idea de que menos era lo mejor. La iglesia ha dado históricamente el mensaje de que tener poco es más santo que tener mucho, y desde luego, me había creído esa forma de pensar. Cuanto más pobres éramos y más sacrificios hacíamos, más sentíamos que estábamos sufriendo y sacrificándonos por Jesús. Esa era nuestra mentalidad "misionera".

Esta mentalidad se manifestó de muchas maneras en nuestras experiencias misioneras. Cuando vivíamos en México y Guatemala, la gente enviaba paquetes con golosinas. Les dábamos a nuestros hijos una ración de dos galletas Oreo al día. Por lo cual probablemente tenga que pedirles perdón por esto. Pero veíamos las golosinas como privilegios raros y especiales.

Alguien en Texas nos dio un Jeep cuando estábamos en el campo. El suelo tenía unos cuantos agujeros, y nuestros hijos podían ver la carretera pasando por debajo de ellos. Toda esa imagen de "apenas sobreviviendo" o hacer sacrificios inusuales nos hizo sentir que realmente estábamos sufriendo por Jesús como deberíamos.

La austeridad financiera es apropiada en ciertas épocas de nuestras vidas. Las personas hacen grandes sacrificios para seguir y servir a Dios, y eso es importante. Pablo escribió acerca de estar contentos en circunstancias humildes, y es absolutamente necesario que estemos dispuestos a hacerlo (véase Filipenses 4:12). Muchos de nosotros pasamos por épocas de vacas flacas, sobre todo cuando empezamos a ser adultos, cuando aprendemos a economizar y a administrar el dinero que Dios nos ha dado. Así es como Él nos enseña.

Pero esta idea de que la única manera de seguir y servir a Dios es sufriendo y privándonos de cualquier comodidad financiera es errónea. Pablo dijo a los filipenses que él también sabía cómo vivir en la abundancia (ver 4:12). Sabía cómo manejar la escasez, como muchos creyentes que sirven a Dios y estaba cómodo con la abundancia, un concepto mucho más difícil para la gente en el ministerio. Necesitamos saber cómo vivir en todas circunstancias, ya sea con poco o mucho. Y creo que Dios quiere que su pueblo, en la mayoría de las épocas de su vida, tenga abundancia de recursos para hacer avanzar su Reino.

Ray y yo sabíamos desde el principio que no estábamos llamados al típico estilo de vida americano de trabajar todo el día sólo para sobrevivir o ahorrar un poco y luego levantarse a la mañana siguiente para hacerlo todo de nuevo. Siempre he sabido que fuimos creados para discipular naciones. Ese es nuestro llamado. Pero pensamos que rechazar la típica rutina americana sólo podía significar estar peor financieramente, todo por amor a Jesús.

En los últimos años, mi mente ha sido completamente reorientada a una nueva forma de pensar con respecto a las finanzas y la abundancia. Cada vez que Dios hace algo nuevo en nuestras vidas, desafíos y pruebas vienen. He estado viendo las finanzas de un punto de vista totalmente diferente. Dios me ha preparado durante ese tiempo para administrar el dinero, no para arreglármelas con lo menos posible, sino para construir la riqueza del Reino para sus propósitos. Y parte de esa preparación implicó probarme para confiarme con lo que Él finalmente quiso bendecirnos

2

TEMPORADAS DE PRUEBAS

Mi forma de pensar sobre las finanzas, y muchas otras cosas, empezó a cambiar de verdad cuando conocimos a Leif. Él empezó a darle la vuelta a nuestra forma de pensar. Le estudié. Observé cómo trataba a la gente, cómo manejaba las finanzas y cómo bendecía a las personas espiritual y materialmente, y de todas las formas posibles.

Vi a gente apuñalar a Leif por la espalda y vi cómo lo afrontaba. Le podía llevar unos días procesarlo, pero en muy poco tiempo, dependiendo de lo profunda que fuera la herida, se daba la vuelta y estaba dispuesto a lavarle los pies a esa persona. Podía besar su mejilla sin ninguna malicia en su corazón. Estudié cómo se relacionaba y cómo siempre acudía a su misión en el Reino, sin importar lo que estuviera pasando.

Vi cómo Leif manejaba las finanzas. Tenía dinero, pero el dinero no le tenía a él. Bendecía libremente a la gente con lo que Dios le daba. En la mayor parte de la Iglesia, incluso entre los pastores y otros ministros, el dinero los tiene a ellos, aunque no tengan mucho. Están atados a él, siempre persiguiéndolo, tratando de conseguir más para sobrevivir o prosperar.

Como nunca había tenido una relación con un padre terrenal, le hacía preguntas a Leif sobre cómo hacer esto o aquello, o qué pensar sobre las cosas que surgían en nuestras vidas, incluido todo lo relacionado con las finanzas. Fue una época de reorientación radical de nuestra forma de pensar.

Durante todo ese tiempo, Dios nos hizo cambiar de opinión de muchas maneras. Yo siempre había vivido de la tierra al Cielo, desde un lugar de carencia tratando de sacar todo lo que necesitaba de un lugar de abundancia. Nunca me di cuenta de que podía vivir del Cielo a la tierra, y descansar en ese lugar de abundancia, creyendo en Dios para el suministro de todo lo que necesitaba en la tierra. No sabía exactamente cómo era eso, pero aprendí observando a Leif. Dios nos estaba enseñando mucho.

Como ya he dicho, nuestro año con Leif se convirtió en cinco años y medio, y durante ese tiempo vi ir y venir a muchos "que esperaban ser" hijos e hijas. Muchos no pasaron las pruebas. Siempre se preguntaban por qué no podían sentarse en la primera fila de la conferencia o ir a la sala verde a conocer a cualquier VIP que estuviera allí esa sesión. Tenían la misma mentalidad huérfana que yo había tenido durante tanto tiempo. Siempre había alguna comparación: "¿Por qué puede ir él? ¿Y yo qué?", y simplemente no duraban. No pensaban como los hijos o hijas que eran.

La mayoría de las pruebas eran involuntarias, pero algunas no. Para preparar la Convocatoria Africana de 2008 en Tanzania, justo antes de mi primer viaje a Pakistán con Leif, fui dos semanas antes para ayudar a organizar el evento. Tenía mucha experiencia dirigiendo y esperábamos a gente de todo el mundo. Teníamos gente en tres hoteles y cinco lugares de conferencias y nos desplazaríamos en cinco autobuses, así que pasaban muchas cosas. Yo estaba allí para ayudar a coordinar todo eso.

Por fin llegó el gran acontecimiento, y el último día estuvimos al pie del monte Kilimanjaro con unos 10.000 africanos allí para rendir culto. Duró todo el día, y tuve que asegurarme de que todo se movía como debía. Leif y yo nos reunimos con todos los oradores la noche anterior para hablar del programa del día, así como de la forma en que íbamos a llevar la ofrenda. Tomábamos los cubos que usábamos para lavar los pies a las viudas y los huérfanos por la mañana y los poníamos en el borde de la plataforma para que la gente tuviera la oportunidad de dar. El dinero no volvía a GMA, por supuesto, sino que se quedaba en el país para el ministerio. Lo teníamos todo planeado.

Yo estaba en la agenda para hablar esa tarde, desatando una bendición sobre las mujeres presentes. Otra persona me seguiría para bendecir a los hombres. Justo antes de hacerlo, Leif dijo: "Quiero que dirijas el tiempo de la ofrenda".

"¿Yo?", respondí. "Voy a predicar y tengo que asegurarme de que todo vaya bien. ¿Podemos conseguir a alguien más?"

"No, quiero que lo hagas tú".

Cuando llegó mi hora de levantarme, intentaba averiguar cómo ministrar a 10.000 personas, la mitad de las cuales eran mujeres. Mientras le preguntaba a Dios cómo ministrar a las mujeres, Él me dijo que las llevara a todas al frente, y así lo hice. Luego me dijo que les pidiera que se unieran unas con otras. "Vas a bajar el Cielo, y ellas se van a ministrar unas a otras".

Así que hablé durante quince minutos sobre traer el Cielo a la tierra, y luego les dije que se unieran, levantaran las manos y a la cuenta de tres halaran el Cielo hacia abajo sobre su compañera. A la cuenta de tres, el Cielo bajó. Hubo un torbellino con nubes de polvo al borde de la multitud, y la presencia de Dios era palpable. Me quedé allí de pie pensando: ¿Qué acaba de pasar? Estaba absolutamente aturdida.

Leif estaba de pie a la izquierda de mí en el extremo del escenario. Le hice un gesto.

"¿Quieres que tome la ofrenda ahora?"

"No, ahora no".

Me acerqué y le di el micrófono a Leif. "Esto era una prueba, ¿no?" Le pregunté.

"¡Sí, lo era!" Sonrió y me dio un fuerte abrazo.

Así que pasé la prueba. Y siguieron llegando más pruebas, algunas intencionales y muchas otras que no lo fueron, a medida que mi mentalidad iba cambiando en muchas áreas diferentes. Cuando llega el cambio, y este debe ser probado, y yo estaba cambiando radicalmente. Estaba aprendiendo a ver a Dios, a mí misma, a nuestro ministerio y a nuestras finanzas de maneras totalmente nuevas.

LA PRUEBA DEL AMOR

En diciembre de cada año, le pregunto a Dios: "¿Cuál es tu palabra para mí el año que viene? ¿Cuál es tu palabra para mí el próximo año?

La palabra para 2011 fue: "Te voy a poner a prueba en lo bien que amas".

Me había adoptado alguien conocido como el embajador del amor, así que eso es lo que quería como herencia: no la unción de Leif, sino su capacidad de amar, que siempre me asombra. Tuve mi bautismo de amor en 2002, y durante varios años observé lo bien que Leif amaba. Observé cómo lo vivía, sin dejar nunca que nada le distrajera del llamado a amar sobrenaturalmente. Y como él, yo quería amar bien a Dios, amarme bien a mí misma y amar bien a los demás. Dios me dijo que me pondría a prueba en cada uno de esos aspectos.

Yo no era una mala persona antes de mi bautismo de amor. En absoluto. Servía a Dios de la mejor manera que sabía. Pero como muchos evangélicos, estaba muy centrada en trabajar para Dios en lugar de trabajar desde Él, todo sobre hacer, hacer las cosas bien yo misma en lugar de dejar que su poder obrara a través de mí. Ya me había salvado e iba al Cielo, por supuesto, y amaba a Dios tanto como podía al menos todo lo bien que alguien puede amar a un Padre al que ve distante e indiferente. Pero me convertí en una persona diferente después de esa experiencia en Toronto. Y al pasar varios años trabajando con Leif, aprendí la diferencia entre ser evangélico y tener una vida llena del Espíritu.

Así que 2011 fue un año de pruebas de amor, que en realidad eran pruebas de si estaba viendo a Dios, a mí misma y a los demás a través de los lentes del Cielo. Si esos lentes están nublados, no puedes ver ni amar a Dios como realmente es, y eso es lo que me había hecho vivir en el pasado como una huérfana, como si siempre tuviera que cuidarme a mí misma, proteger mi corazón de la decepción y asumir que vivir en la escasez era lo que me merecía.

Cuando tienes esa visión distorsionada de Dios, no importa si eres hijo o hija. Sigues viviendo como un huérfano. Siempre me había sentido fracasada y creía que era estúpida y fea y que nunca llegaría a ser nada, características de una mentalidad huérfana. Dios cambió mi visión de Él en ese bautismo de amor, pero me llevó algún tiempo aprender a vivir como una niña pequeña con un papá grande.

Hacia el final de ese año, me subí a un avión en Atlanta para ir a Cuba. Me apresuré a subir al avión, me senté en clase ejecutiva y oí: "Has aprobado el examen".

Señor, ¿qué quieres decir? Pensé.

"Has pasado la prueba del amor. Me has amado, te has te has amado a ti misma, y has amado bien a los demás".

Wow, pensé. Me animó mucho oír eso.

"El año que viene, voy a poner a prueba tu fe. ¿Qué tan fuerte es?" Esa fue mi palabra para el 2012. Oh, aleluya... ¡otra prueba!

LA PRUEBA DE LA FE

Ese marzo, el día después de mi cumpleaños, estaba en Houston para una conferencia y recibí la noticia de que mi madre había tenido un accidente. Se había caído y se había fracturado el fémur. El accidente en sí no le había causado la muerte, pero su inmovilidad hizo que una neumonía se instalara en sus pulmones. En tres semanas, consiguió su promoción al Cielo.

Eso ocurrió en medio de otra dura prueba por la que estábamos pasando. Nuestra asistente, Sonia, fue culpable de un grave accidente y se enfrentaba a una pena de hasta cuarenta años de cárcel. Eso no fue lo que terminó sucediendo, Dios orquestó una historia milagrosa de rescate, redención y restauración para todos los involucrados, pero en medio de todo lo que estaba sucediendo, no estábamos seguros de cómo iba a resultar. Parecía imposible.

Mientras se enfrentaba a esa horrible situación, Leif comenzó a trasladar sus oficinas de Alabama a Georgia. Habíamos estado planeando eso durante un año. Pero Sonia no podía dejar el estado, y ella no conocía a nadie en Alabama porque sólo había estado muy poco tiempo. Además de eso, Sonia fue desafiada con esclerosis múltiple, con catorce lesiones en su cerebro y columna vertebral. ¿Qué íbamos a hacer con ella? No podíamos dejarla sola en su prueba. Era un verdadero dilema. Milagrosamente, en el último momento el juez la dejó ir con nosotros.

Ese año, una cosa tras otra puso a prueba nuestra fe. Pero llegamos al final del año, y Dios dijo: "Has pasado la prueba".

"Gracias". Exhalé un suspiro de alivio.

LA PRUEBA DE LAS FINANZAS

En diciembre de 2012, Dios habló de nuevo. "Estoy trayendo otra prueba para ti. Este año, es la prueba de las finanzas". Esa fue mi palabra para todo el año, el tercer año consecutivo que sería probada por algo específico.

En marzo de ese año, estaba hablando en una iglesia en el norte de Atlanta cuando escuché a Dios decir que comenzara una iglesia en esa área. Había estado predicando acerca de la presencia de

Dios en 1 Samuel 3, y cuando estamos quietos en su presencia, Él se parará en la nuestra, como lo hizo con Samuel. Incluso mientras predicaba, sentí tal quietud y descanso en su presencia. Mientras ministraba a la gente al final, Dios me habló y me dijo: "Voy a demostrarte lo que acabas de predicar. Quiero que comiences una iglesia en el norte de Atlanta".

"Vaya, Señor", dije. "No quiero una iglesia. No soy una pastora". Pero estaba convencida de que Él me había hablado.

Mientras conducíamos de regreso al sur de Atlanta donde vivíamos y Leif tenía su oficina, no dejaba de pensar en lo loco que sonaba esto. No sabía lo que significaba. ¿Yo, fundar una iglesia? Parecía tan inesperado. Al día siguiente, fui al despacho de Leif y le dije que necesitaba hablar con él. Le conté todo lo que había pasado la noche anterior.

"Creo que es Dios", dijo.

Yo ya había iniciado un proceso de transición para dejar de ser su asistente. Sabía que había llegado el momento. Me encantaba trabajar para él y volvería a hacerlo con alegría. Pero después de cinco años y medio de ser su asistente y administrador ejecutivo, sentí como si el aceite y el aliento para esa tarea se hubieran ido.

Había aprendido que no es pecado perder la visión de algo que has estado haciendo, pero sí lo es quedarte cuando la has perdido.

Seguía teniendo la visión de ser la hija espiritual de Leif y de servirle en todo lo que pudiera, pero tendría que ser de otra manera. De hecho, llevaba meses pidiéndole que me bendijera y me liberara, y él seguía diciendo que no. No creía que hubiera llegado el momento. Sé que podría haberme ido de todos modos, pero no quería irme sin su bendición. Finalmente, dijo que sí, y yo acepté quedarme para formar a mi sucesor, de modo que la transición fuera suave para su ministerio. No tenía prisa por marcharme porque no sabía lo que Dios me tenía preparado.

Así que cuando Dios me habló de la iglesia, yo ya sabía que estaría haciendo pronto algo más. Sólo que no sabía que sería eso. Pero estaba claro. Dios me dio una visión para la iglesia, un nombre para ella, los próximos pasos, y todo. Cuando la comenzamos en julio de 2013, la HUB Atlanta (His Unlimited Blessings) "Su Bendición Ilimitada", Dios simplemente me dio todo, incluso el equipo de liderazgo. Era claramente su obra. Pero también fue un gran paso de fe financieramente.

Planeamos nuestro primer servicio para un sábado. El viernes recibí un mensaje de alguien que no conocía.

"Hola, Leanne. Soy una enfermera especializada, y tengo un paciente que se está muriendo de cáncer. Quería saber si vendrías a orar por él".

Algo de lo que dijo, aunque ahora no estoy segura de lo que era, me dio la impresión de que este paciente estaba de alguna manera involucrado en dirigir la adoración. Pero era una conversación de texto, así que no había muchos detalles.

"Estoy inaugurando una iglesia mañana", envié un mensaje de texto. "Hay mucho que hacer. ¿Tal vez podría ir el domingo por la tarde?"

"Estaré en el servicio", respondió. "Te he oído predicar y vendré mañana por la noche".

Decidimos que iría a orar por su paciente a las 4 de la tarde del domingo.

Leif habló en el culto del sábado por la noche. Después organizamos un "túnel de amor" para que la gente pasara y pudiéramos imponerles las manos, hablarles del corazón del Padre y desatar el amor de Dios en sus vidas. Mientras estábamos llenando a la gente de amor, una mujer vino a través del túnel.

"¿Vas a venir a mi casa mañana?"

"Oh, ¿es por su marido por quien voy a orar? ¿Cómo te llamas?"

Dijo que se llamaba Nancy y que su marido se llamaba Jim. Le dije que era un honor que me pidiera que orara por Jim y que la vería mañana.

Cuando Sonia y yo fuimos a su casa al día siguiente, no era en absoluto lo que esperábamos. Vivían en una mansión enorme, y sólo para entrar en la comunidad pensé que íbamos a tener que donar sangre. (Obviamente no, pero era todo muy impresionante).

La casa era preciosa. Debí escuchar mal a la enfermera; yo no sabía cómo un líder de alabanza podría vivir en una casa como esa. Era indescriptible.

La enfermera salió a recibirnos, nos condujo a esta mansión increíblemente hermosa y nos llevó a una amplia zona de desayunos para presentarnos a Nancy, su hija y sus dos hijos, y un asistente. Sonia y yo nos sentamos a hablar con ellos durante casi cuatro horas en aquella enorme sala. Llegamos a conocerlos y les contamos muchas historias que fortalecerían su fe en un milagro.

Hablamos de la sustitución de rótulas en Filipinas, de la sanidad de Sonia de esclerosis múltiple, tenía catorce lesiones en el cerebro y la columna vertebral, justo en medio de sus problemas legales, y su resonancia magnética mostró que estaba totalmente curada, y de muchos otros testimonios de la capacidad de Dios para sanar.

Compartimos con ellos durante unas horas. Y todo el tiempo, Sonia y yo estuvimos pensando: ¿Quiénes son estas personas?

Finalmente pregunté: "¿Estamos listos para orar por Jim?"

Dijeron que sí y nos llevaron a un porche con la vista a un campo de golf. Jim estaba en el extremo opuesto, fuera de su dormitorio. Estaba apoyado en algo parecido a una cama de hospital, esencialmente en estado comatoso. Me puse en un lado, Sonia en el otro, y noté que la presencia de Dios parecía muy fuerte. Me di cuenta de que la enfermera debía estar orando por él constantemente.

Oramos, declaramos la sanidad del cuerpo de Jim, decretamos que no tendría cáncer, oramos todo lo que sabíamos. Terminamos al cabo de unos treinta minutos y Nancy nos acompañó hasta el carro. Nos dio las gracias, nos abrazó y nos despedimos. Mientras salíamos del camino de entrada hacia la calle, me volví hacia Sonia y le dije: "No se trata de que un hombre se cure de cáncer. Esto es una prueba".

En ese momento, me di cuenta de que no quería nada de Nancy. Ella era extremadamente rica. Acabábamos de empezar una nueva iglesia y, por lo tanto, necesitábamos dinero, pero no tenía ninguna urgencia de tratar de conseguir algo de ella. Todavía no tenía ni idea de quién era ella y su marido. Sólo quería quererla a ella y a su familia.

Cuando llegué a casa, saqué mi portátil y los busqué. Para mi sorpresa estaban en lo más alto de una gran empresa, liderando las ventas durante años. Tenían casas en todo el mundo y su propio avión privado. Ellos eran muy conocidos y, obviamente, vivían en la abundancia. Pronto recibí un mensaje de texto de Nancy diciendo que los números de Jim estaban cayendo, así que le envié un mensaje de vuelta y le dije que estábamos orando y le pedí que nos mantuviera informados. Luego le envié un mensaje a Leif, él estaba fuera, ministrando en Alabama en ese momento, y le pedí que me llamara tan pronto como pudiera.

Leif llamó unos veinte minutos después, le conté la situación y le pedí que orara. "Pregúntales si quieren que vaya mañana a orar por él", me dijo.

"No hace falta que pregunte. Querrán que vayas".

Llamé a Nancy para decirle que Leif iría a su casa al día siguiente a orar por Jim. Ella le había oído hablar el sábado por la noche, así que aceptó enseguida. Cuando Leif llegó allí pasó tres horas orando con ellos. El hermano de Nancy, que había sido sordo durante años y llevaba audífonos, se curó al instante. Estaba claro que Dios se había manifestado. Fue una experiencia increíble. Pero Jim no mejoró.

Alrededor de una semana más tarde, me estaba preparando para volar y predicar en un evento de mujeres en Dakota del Sur y recibí un mensaje de texto de Nancy.

"Leanne, Jim murió".

Me sentí como si me hubieran golpeado en el estómago. Había visto sanidades milagrosas por todo el mundo, pero no sucedía con Jim. No sabía qué decir.

Llamé a Nancy. "Lo siento mucho", le dije. Charlamos un rato, y luego me fui a mi conferencia. Ella y yo nos enviamos mensajes de texto mientras viajaba, y descubrí que John Maxwell era su vecino, amigo y pastor. Dirigiría el funeral. Fue transmitido en vivo, y pude verlo desde Dakota del Sur. Pero incluso en la mañana del funeral de su marido, Nancy me envió un mensaje de texto temprano para decir que ella estaba orando por mí y creía que iba a bendecir enormemente a las mujeres en la conferencia. Me costaba creer que acabara de perder a su marido de cuarenta años y que orara por mí, pero sabía que era porque sabíamos honrarnos mutuamente.

Tres semanas más tarde, Nancy asistió a una conferencia de Jesus Culture (Cultura de Jesús) y llamó para decir que quería comprar entradas para que Sonia y yo fuéramos. Ella nunca había estado en un servicio como ese. Ella es una fuerte creyente, pero en ese momento no estaba tan familiarizada con lo sobrenatural. "Tienes que venir", dijo. "Siento que están hablando de ti".

Así que Sonia y yo cancelamos nuestros otros planes y fuimos, junto con otras varias personas que ella había invitado. Comimos en un restaurante cercano durante un descanso, disfrutando de pasar un rato y hablando de la conferencia. Cuando Sonia se levantó para buscarnos café, Nancy la siguió y se puso a su lado en la línea.

"Quiero hacer por ella lo que tú haces. ¿Cómo puedo cuidar de Leanne?" dijo Nancy. "El dinero nunca será un problema. ¿Cómo puedo cuidar de ella?"

Sonia conocía mi corazón. "Nancy, Leanne sólo quiere una relación", dijo.

"¡Oh, eso ya lo tiene!" Nancy le aseguró. Me enteré de esta conversación cuando volvíamos al evento porque Sonia y yo estábamos solas en el carro. Nunca le había pedido nada a Nancy porque sabía que se trataba de la relación, no de las finanzas. Incluso sabía, después de haber estudiado a Leif todos esos años, que se trataba de una especie de prueba, una prueba importante.

Y sabía que cuando no pasamos nuestras pruebas, tenemos que volver a pasar por ellas. Esta era sobre finanzas, porque son muy importantes para Dios: cómo administramos nuestras finanzas y elegimos amar a la gente sin ningún tipo de gancho o motivo oculto para obtener algo de ellos. Y para ser honesta, eso no fue una tentación con Nancy. Quería amarla y honrarla bien. Es una mujer increíble.

La única vez que recibí algo de Nancy fue cuando estaba recaudando dinero para Cuba después de que un gran huracán devastara el este de la isla. Había enviado un boletín urgente a través de mi ministerio para que otras personas ayudaran al pueblo cubano, que necesitaba ayuda desesperadamente. Nancy contribuyó a cubrir esa necesidad. Pero aparte de eso, simplemente disfrutaba estar cerca de ella, yendo a su casa, enseñando a su familia cómo empaparse de la presencia de Dios, y honrándola de todas las maneras posibles.

Esa fue quizá mi mayor prueba de finanzas, pero hubo otras, no porque no la pasara, sino porque Dios confirma nuestras nuevas perspectivas dándonos oportunidades para practicarlas. La segunda prueba llegó cuando un hombre de nuestra iglesia quería que conociéramos a un amigo rico, un ingeniero jubilado que había recibido mucho dinero como herencia de alguien que quería que lo administrara para el Reino. Parecía una buena relación para cultivar. Fuimos pioneros en esta iglesia, y este hombre estaba en condiciones de ayudar.

Así que este hombre vino a nuestra casa, y nos sentamos allí por un rato escuchando sus historias. Él es un ministro laico con una poderosa unción para la sanidad y un montón de testimonios para compartir. Nos encantó escucharle. Después de una hora, nos preguntó: "¿Qué puedo hacer por ustedes?".

Sentí que Dios no quería que pidiéramos dinero, así que no lo hicimos. En su lugar, me vino a la mente uno de los hijos espirituales de Leif. Todd era realmente como un hermano para mí. Estaba luchando contra el cáncer en Seattle y se acercaba a la muerte.

"En realidad, necesito que ores por mi hermano espiritual", y le conté la situación.

Necesitábamos dinero. Ser pionero de una iglesia es difícil, y es costoso. Pero yo sabía que ese no era el motivo por el que este hombre estaba en nuestra vida. Así que le pedí que orara por la sanidas de Todd.

"De acuerdo", dijo. Este hombre humilde con una poderosa unción me preguntó si tenía un pañuelo, así que fui y tomé uno.

Lo ungió con aceite, oramos sobre él, y Ray lo guardó para que pudiéramos enviárselo a Todd. Luego hablamos con este hombre un rato más.

Un poco más tarde, volvió a preguntar. "¿Qué puedo hacer por usted?"

"Nada", le dije. Todavía sentía que Dios no quería que le pidiéramos nada. Entre todo lo que aprendí de Leif, supe que no debía fallar en las pruebas. No pasaba nada con el dinero de este hombre; lo había conseguido honradamente y sus intenciones eran buenas. Pero Dios estaba poniendo a prueba mi corazón.

"Muchas gracias por su tiempo hoy", le dije. "Y gracias por orar por Todd. Ha sido increíble".

Nuestro nuevo amigo se dirigió a su casa, y nunca lo volví a ver.

La tercera prueba fue en Cuba en 2013. Leif había venido a unirse a nuestro equipo, trayendo consigo a unos cuantos millonarios. Tuvimos un viaje muy fructífero. Fue una explosión, y mientras estábamos allí, uno de los millonarios más tarde nos invitó a venir a quedarse en su casa en Florida durante unos días. Consulté a Leif, aprendí a honrarle en las conexiones que hizo por nosotros, y acepté la invitación. La pasamos de maravilla en su preciosa casa y en su barco. Pero nunca le pedimos nada. Se trataba al cien por ciento de una relación y de honor.

De hecho, todas las relaciones tienen que ver con el honor. Si vamos a aprender a administrar bien las finanzas del Reino, necesitamos permanecer enfocados en las relaciones y no en lo que podemos obtener de ellas.

Mi versículo de vida es Mateo 6:33 "Buscad primero el reino de Dios y su justicia, y todas estas cosas os serán añadidas", porque aprendí hace muchos años que si hacemos de Dios nuestra prioridad, nuestro enfoque, Él se encargará de todo lo demás.

Hay dos partes en ese versículo, su Reino y su justicia, lo que significa hacer de Él nuestra prioridad y hacer todo lo que Él nos diga que hagamos. Y buscar su Reino y su justicia siempre implica amar a las personas sin una agenda y honrarlos con el honor del Reino.

Dios puede proveernos a través de las personas con las que nos conecta, pero el objetivo no es la provisión. Es construir la relación por el bien de la relación, para amar sin un gancho. Y después de estas tres pruebas en 2013, supe que podía hacerlo.

Y Dios sabía que ahora podía confiar en mí.

3

UN ROMPIMIENTO INESPERADO

Si puedes ganarte el corazón de un rey, puedes cambiar una cultura. Pregúntale a José, a Daniel o a Ester. No se trata sólo de tener o de tomar las decisiones correctas. Si quieres impacto en una sociedad y transformar la forma en que se hacen las cosas, tienes que ser capaz de influir en los influyentes, y la manera de hacerlo es amarlos sin un gancho. Como José, Daniel y Esther, aprendes a vivir con un corazón y un espíritu de honor.

Me encontré en ese tipo de situación cuando me llamaron para pastorear una iglesia en Ohio. Sinceramente, no me interesaba trasladarme a Ohio. Vivíamos en el norte de Atlanta, donde pastoreaba nuestra iglesia. Me encantaba vivir en la zona de Atlanta, el clima cálido, el Sur. Amo estar cerca de un aeropuerto internacional y la sencillez de tomar un avión e ir a otro país con facilidad. Pero Dios tenía una nueva misión para mí.

La iglesia en Ohio es una gran iglesia con gente maravillosa, pero necesitaban un cambio de cultura. Había existido durante cincuenta y tres años, y yo iba a ser el tercer pastor desde su fundación. Nunca habían pasado por un proceso de entrevista para un pastor, así que esto era nuevo para ellos, especialmente para los ancianos.

El pastor anterior, que llevaba treinta y dos años, había sucedido al pastor fundador. Había 160 candidatos para el puesto, y yo era uno de ellos. Mi nombre fue lanzado al sombrero tras una conferencia que había dado en la iglesia el año anterior. El proceso de entrevistas duró unos seis meses, tras los cuales fui elegida como su nueva pastora.

Prediqué mi primer mensaje como su nueva pastora en agosto de 2013. Dos semanas más tarde, me encontré sentada en una sala de juntas con diez ancianos, todos hombres. Podía oír sus pensamientos de forma alta y clara: Tenemos un nuevo pastor, y ella es una mujer. ¿Cómo lo hacemos? La testosterona se disparaba en la sala. Afortunadamente, me crié con cinco hombres en casa: mi padrastro y mis cuatro hermanos. Sabía que tenía que ganarme sus corazones antes de tomar decisiones sanas.

El nombre de la iglesia es Family of Faith Community Church (Iglesia Comunidad La Familia de fe), y las cosas no iban tan bien como antes. La congregación había llegado a tener unas 700 personas, pero se había reducido a unas 100 cuando llegamos. Antes tenían una sólida red de grupos celulares, pero ahora no tenían ninguno. No había ministerio de mujeres ni de hombres, no había mucho que les permitiera "hacer vida" juntos. Y a mí me encantaba hacer vida con la gente.

Había muchos asuntos que, como junta de ancianos, debíamos resolver, y lo hicimos. No entré como un toro a una tienda de número de muertes por sobredosis de fentanilo y carfentanilo de todo el país: de once a catorce al día.

También en esa temporada, debido a un colapso suprarrenal que tuve en 2010 en el que casi muero, engordé treinta y cinco libras. Yo no sabía nada acerca de esas pequeñas glándulas que se sientan en la parte superior de cada riñón, pero ahora soy casi una experta en ellas. Nuestras glándulas suprarrenales producen muchas hormonas importantes y, cuando se produjo el colapso, mis hormonas se volvieron locas y empecé a engordar como nunca. Pasé de una talla 8 a una talla 14. También tomaba antiácidos todas las noches antes de acostarme como si fueran caramelos debido a un terrible reflujo ácido. Me dolían mucho las articulaciones, sobre todo las manos, así que a menudo tomaba analgésicos para las articulaciones.

No hace falta decir que me sentía completamente miserable. Me ponía camisas más grandes los domingos por la mañana cuando predicaba para disimular la grasa que estaba ganando. No me gustaba cómo me sentía, cómo me veía en el espejo o cómo me quedaba la ropa. Me enfermaba con frecuencia. Sabía que algo tenía que cambiar, pero no sabía cómo hacerlo.

Yo estaba en otro equipo que Leif llevó a Pakistán en mayo de 2017. En el camino, hicimos una escala en Dubái. Dios me habló allí: "Leanne, tengo una asignación en tu vida. Tienes que controlar tu salud o no acabarás bien".

"¡Padre, no haré dieta!" respondí con cariño. "No conozco a nadie que haya encontrado una dieta que haya funcionado". Conocí a mucha gente que había "sobrevivido" a una dieta sólo para volver a engordar al cabo de unos meses, y a menudo ganaban más peso del que habían perdido con la dieta. (Me parece interesante que en inglés las tres primeras letras de dieta (diet) signifiquen "morir").

El pastor J.R. Polhemus de la iglesia The Rock en Castle Rock, Colorado, estuvo con nosotros en ese viaje. Tiene más de 70 años, pero está muy en forma, hace ejercicios todos los días y come sano, incluso cuando está de viaje. Realmente se cuida mucho. Mientras estábamos en el centro comercial de Dubai, Sonia y yo estábamos sentadas en un banco y nos sentíamos como globos dirigibles, mientras J.R. estaba detrás de nosotras.

"J.R., necesito una unción para estar saludable", le dije. Puso sus manos sobre nuestras cabezas en medio de este centro comercial, rodeado de musulmanes, y oró. No era exactamente lo que buscaba, pero desde luego no iba a rechazarlo. Uno de los miembros de nuestro equipo nos hizo una foto, cosa que yo no sabía en ese momento. Le di las gracias a J.R. y la archivé en mi memoria. No pensé mucho más en ello.

Cuando volvimos de Pakistán, asistí a una sesión llamada "Las Cortes del Cielo". Dos mujeres de nuestra iglesia se estaban formando en este ministerio. Había otras que querían hacerlo, así que me pidieron que lo hiciera yo primero para saber en qué estaban participando. Así que ya estaba en mi agenda incluso antes de salir para Pakistán.

Las Cortes del Cielo es un ministerio fundado por Robert Henderson. Tiene varios libros sobre cómo entrar en las cortes del cielo para hacer peticiones por nosotros mismos y por el Reino de Dios[1]. Era nuevo para mí, y no estaba segura de qué pensar de eso, pero sabía que Robert había hablado en la iglesia de Toronto y que contaba con un gran respaldo.

Fui a esa sesión, que se hace con personas que te ayudan y te guían. Había que rellenar unos papeles antes de ir, pero yo no podía identificar un motivo concreto para hacer la petición a los tribunales, así que fui sin una agenda clara. Fui a la casa de una de las mujeres y, cuando llegué, vi que estaba todo preparado con un ambiente agradable y celestial para la sesión. La presencia de Dios se sintió muy fuerte cuando entré.

Me senté y me preguntaron qué le iba a pedir a los tribunales.

"No lo sé", dije. "Mi vida es bastante buena, excepto por tener treinta y cinco libras de sobrepeso y sentirme físicamente miserable. Aparte de eso, las cosas van bien. No sé qué pedir".

"Bueno, oremos y preguntemos al Espíritu Santo qué debes pedir", dijeron.

Así que oramos, y pronto surgieron varias cosas:

- Mi salud, porque quería terminar bien la carrera.

- Nuestras finanzas porque quería poder financiar mi propia misión para el Reino de Dios y no tener que depender de otras personas.

- Una herencia que pudiéramos dejar a nuestros hijos.

- Nuestra iglesia porque ese era mi principal ministerio en ese momento.

Así que llevamos todas esas peticiones a los tribunales del Cielo.

Fue una sesión de cinco horas, ¡y fue indescriptible! Fue completamente dirigida por el Espíritu Santo. Cuando estaban a punto de terminar, dije: "Dios no ha terminado todavía. Hay una puerta que Él quiere que yo atraviese".

"De acuerdo, vayamos tras ella", dijeron.

Cerré los ojos, bajé la cabeza e inmediatamente me vi caminando hacia el umbral de una puerta. Cuando abrí la puerta, vi una habitación que estaba dividida por la mitad. Un lado estaba iluminado por la luz, el otro totalmente oscuro. Ambos lados tenían cuatro puertas, pero no podía ver las del lado oscuro. Sólo sabía en mi espíritu que estaban allí. Expliqué la habitación al equipo y les hablé de las cuatro puertas del lado luminoso.

"Adelante", me dijeron. "Ábrelas".

Abrí la primera puerta y vi hermosas colinas verdes hasta donde alcanzaba la vista. Era una escena preciosa, con ganado, ovejas y caballos cubriendo las colinas. Era tan hermoso y difícil de describir.

"Te daré el ganado en las colinas, hasta donde puedas ver", dijo el Señor. "Te voy a bendecir".

Fui a la puerta de al lado y la abrí. Dentro había coronas y joyas, anillos asombrosamente hermosos, collares brillantes y lujosos tesoros, algo así como lo que se vería en un Indiana Jones. Una vez más, el Señor dijo que me bendeciría.

Entonces abrí la tercera puerta, y lo que vi dentro era como un gran cartel de lotería que dice cuánto el ganador ha ganado. El cartel que vi tenía un millón de dólares.

"Restauraré lo que la langosta ha comido," dijo el Señor.

"Te devolveré lo que te han robado".

Supe inmediatamente lo que significaba. En mi primer libro *Vida Cristiana sin Dios como Padre*, cuento la historia de cómo me arrebataron mis dos herencias. La esposa de mi padre le había obligado a dejar lo mínimo a mis cuatro hermanos y a mí. No era extremadamente rico, pero habríamos recibido unos buenos ahorros. En lugar de eso, recibí un cheque por correo de un dólar como única herencia. Todo lo que el estado de Mississippi le obligaba a dejarnos. Su cuarta esposa y sus tres hijos recibieron su herencia.

Por un malentendido, tampoco recibí herencia de mi madre. El sábado por la mañana siguiente a su promoción al Cielo, tomé mi walkman y salí a dar un paseo para procesar su fallecimiento. Todavía le echo mucho de menos. Mientras caminaba, me quejaba con mi Padre:

"Padre, no tengo herencia. No la tengo. ¿Por qué? le pregunté.

"Hija mía", dijo Él, "tu herencia no son las riquezas de este mundo. Son las naciones".

"Tienes razón", admití. "En realidad siempre preferiría las naciones a las riquezas". Me arrepentí de quejarme, seguí caminando, y decidí que estaba bien. Perdoné a los que tenía que perdonar y seguí adelante.

Unos días más tarde, cuando estaba en la oficina, oí la voz de Dios. "Yo también te voy a bendecir con riquezas".

"¿Qué? ¿Qué quieres decir?"

"Por la forma en que manejaste esa decepción, voy a bendecirte con riquezas en este mundo también. "

Eso fue en marzo de 2012. Avanzando rápido hasta mayo de 2017, mientras yo entraba en los atrios del Cielo, abrí una puerta y vi un millón de dólares en un cartel. Sabía que significaba que Dios estaba listo para cumplir esa promesa de cinco años antes.

Antes incluso de llegar a la cuarta puerta, supe lo que había y empecé a llorar. Nuestro hijo e hija por amor (nuera) habían experimentado el aborto de trillizos hacía ocho años cuando ella estaba embarazada. El día que nos enteramos la noticia de que esperaban trillizos, Dios me dijo que eran como Abraham, Isaac y Jacob, padres de naciones y generaciones. Fue desgarrador cuando ocurrió el aborto.

Cuando abrí la puerta, vi a dos niños y una niña, todos alrededor de 8, justo la edad que tendrían en la tierra. Estaban jugando a "Ring Around the Rosie", tomados de la mano y divirtiéndose juntos. Rompí a llorar. Eso fue un maravilloso beso extra de Papá Dios para dejarme ver a nuestros nietos. Nunca olvidaré ese momento mientras viva.

Cerré la cuarta puerta y empecé a salir de la habitación. Cuando estaba en el umbral, me volví hacia la derecha, el lado oscuro.

"Dios, ¿y este lado?" pregunté. "Sé que hay puertas allí".

"Eso es para la iglesia Familia de Fe y sus líderes para cosas anteriores a tu llegada. Tendrán que venir y ocuparse de esas puertas".

Así que un par de semanas más tarde en la oficina de mi iglesia, las dos mujeres vinieron y recorrieron los atrios del Cielo con algunos líderes claves e intercesores de nuestra iglesia. Entraron por las puertas que Dios había reservado para la iglesia.

EL PODER DE UN SÍ

Uno o dos meses más tarde, después de regresar de ese viaje a Pakistán y pasar por los Atrios del Cielo, vi en Facebook a varios amigos de nuestra iglesia en Iowa, a quienes conocíamos desde hacía años, que se estaban "derritiendo" y se veían estupendos. Yo había discipulado a algunos de ellos, y cada uno de ellos me había acompañado en un viaje misionero a México o Cuba. Las conocía bien y sabía el historial de salud de todas las mujeres. ¡Ahora se veían increíbles!

¿Qué estaban haciendo? me preguntaba. Fuera lo que fuese, quería saberlo. Quería tener el mismo aspecto que ellas.

Volé de Ohio a Iowa en julio para ver a nuestra hija, nuestro yerno y nuestros nietos. Mientras estaba allí, me puse en contacto con algunas de estas viejas amigas, principalmente para hablar de un evento del ministerio de mujeres que estaba planeando. Nos sentamos en una cafetería y hablamos de eso un rato, pero cuando terminamos, miré al otro lado de la mesa y hablé directamente.

"No sé qué has hecho para tener el aspecto que tienes, pero quiero parecerme a ti". No dije que quería hacer dieta o perder peso. Quería verme como ellas porque se veían fantásticas. Y admitámoslo, a las mujeres nos gusta vernos bien.

Me hablaron de un programa de salud en el que no sólo habían participado, sino que se habían convertido en entrenadoras. Me explicaron cómo se habían involucrado y cómo funcionaba todo el programa, que tenía un componente de pérdida de peso pero que era más salud en general.

Inmediatamente les dije que quería participar en el programa. También dije: "No sé cuánto ganas como entrenadora de salud con su empresa, si son 50 dólares al mes. ¡Pero todo el mundo en el planeta necesita parecerse a ti! Así que quiero convertirme en una entrenadora también".

Sabía que tenía que ir a casa y obtener la bendición de Ray, pero él sabía lo desgraciada que me había sentido y, por supuesto, estaba totalmente de acuerdo. En realidad, no me sobraba ancho de banda en la vida para emprender algo nuevo, pero tenía una fuerte convicción al respecto. Así que me convertí en cliente y coach al mismo tiempo.

En aquel momento, no sabía lo que el programa iba a hacer por mí. Simplemente lo vi como algo que necesitaba. Y funcionó de maravilla. Perdí treinta y cinco libras en pocos meses. Volví a bajar a una talla 8. Desde entonces, no he vuelto a tomar antiácidos, analgésicos ni antiinflamatorios. Y he restablecido mi metabolismo a los 61 años. El único inconveniente de nuestro programa de salud es que necesitas comprar ropa nueva. ¡Ja, ja!

A menudo enseño sobre el poder de nuestro sí, y mi sí de aquel día de 2017 ha tenido ahora un impacto positivo en la salud de más de 45.000 personas y en el bienestar financiero de más de 2.200 entrenadores. Dios nos estaba preparando para una tremenda bendición.

Sonia fue mi primer cliente. Estaba en Texas visitando a su familia en julio, cuando empecé. Cuando regresó, no paraba de burlarse de mí por mi "comida espacial". Un par de semanas después de comenzar mi nuevo viaje de salud decidió que quería probar mi comida espacial. Se apuntó en el programa, perdió 23 kilos y redujo su colesterol a 40 puntos. Ray también se apuntó y perdió 30 libras y su médico le retiró la medicación para la presión arterial. Todos vimos resultados asombrosos, y seguimos viéndolos.

Unos meses después, aquella foto de J.R. poniéndonos las manos a Sonia y a mí en Dubai volvió a emerger. La había olvidado por completo. Pero definitivamente Dios estaba respondiendo a esa oración.

No pasó mucho tiempo antes de que la gente en la iglesia me viera transformarme ante sus ojos. Empezaron a decir: "¡Pastora, te ves genial!"

"¡Me siento muy bien!" les dije. Realmente me sentía años más joven de lo que era.

"¡Te ves increíble, Leanne!", decían muchos otros.

"¿Qué estás haciendo?".

Les explicaba todo y les animaba a hacer el programa y a convertirse también en entrenadores. No me costaba nada asegurarles que transformaría sus vidas, y a partir de ahí la cosa se fue extendiendo. Personas que nunca habían cruzado las puertas de nuestra iglesia me enviaban correos electrónicos y me preguntaban por el programa de salud que estábamos llevando a cabo en Familia de Fe. No hice ningún esfuerzo adicional para promocionarlo. Simplemente se difundió de boca en boca. Creció orgánicamente. El aceite y el aliento de Dios estaban por todas partes.

En nueve meses, nuestra cuenta bancaria empezó a subir, pasamos de entrenar a otros a la categoría de salud óptima. Ni siquiera sabía exactamente cuánto; no lo estaba chequeando bien. Una de las formas en que Dios nos preparó para lo que se avecinaba fue guiándome a entregarle nuestras finanzas a Ray años antes. Él lo haría mejor, y yo no necesitaba distraerme con ello. Así que no estaba al tanto de todos los detalles. Ahora le digo a la gente que yo era como Jacob. Dios me tiró al suelo y me dijo: "Voy a bendecirte". Me levanté cojeando y desde entonces no he vuelto a caminar igual.

Él nos bendijo con el programa de salud, hizo crecer nuestro negocio, y continúa bendiciendo a un tremendo número de personas a través de el.

Él estaba cumpliendo promesas extravagantes que había hecho hace mucho tiempo porque Él sabía que yo estaba lista para manejarlas y administrar bien el incremento financiero.

UNA TEMPORADA DE ACELERACIÓN

En septiembre de 2017, Leif me dijo que su ministerio iba a hacer una conferencia, un evento familiar en Malasia, y que le gustaría que yo estuviera allí. Yo ya tenía programados viajes a Sri Lanka y Cuba, así que lo incluimos en nuestros viajes, que terminaron incluyendo siete naciones y diecisiete aviones en dieciséis días.

Cuando llegamos a Malasia, estaba sentada en primera fila durante uno de los servicios. Leif ya había predicado, y en un momento dado se acercó para orar por mí. Sentí el poder de Dios e inmediatamente me tiré al suelo. Mientras Leif seguía orando por mí, se acercaron otras dos personas: un saxofonista que tocó proféticamente su música sobre mí, y otro hombre, Hugh Marquis, al que no conocía, pero del que había oído hablar.

Era un empresario australiano con una fuerte unción para los negocios. De alguna manera, incluso desde mi posición en el suelo, donde todo parecía borroso, sabía que era él quien estaba a mi lado.

Para entonces, aunque nuestro negocio apenas estaba comenzando, yo sabía que mi Padre nos había dado un negocio y quería bendecirlo. Siempre había tenido un espíritu emprendedor, aunque algunas de mis ideas nunca habían despegado. Había estado leyendo algunos libros de Gary Keesee, que enseña a los ministros a tener cuatro flujos de ingresos, y y me molestaba que aún no lo tuviéramos. Los ministros rara vez tienen una herencia para dejar a sus hijos y nietos porque para la mayoría no es una carrera particularmente rentable financieramente. Consciente de que este hombre de negocios estaba de pie junto a mí mientras oraban por mí, agarré el borde de sus pantalones por el tobillo y pensé, voy a conseguir cada pedacito de unción de negocios que puedas impartirme. No dije nada en voz alta; esto era sólo lo que yo estaba halando conscientemente. Mientras él estaba allí, yo iba a ir a por ello.

He hablado con este hombre desde entonces, y nos hemos reído de mí tratando de robar su primogenitura. Pero creo que realmente recibí una unción para los negocios de él ese día. Muchas cosas que habían sucedido, las pruebas por las que había pasado, J.R. imponiéndonos las manos y orando, yendo a los Atrios del Cielo, y halando de esa unción empresarial, me habían llevado a un lugar de bendición extraordinaria.

PONIENDO LOS PLATOS CORRECTOS SOBRE LA MESA

Tuve un puñado de clientes en un par de meses. Sonia fue la primera entrenadora que firmó conmigo. Ray se unió a mí un par de años más tarde, aunque siempre me apoyó al cien por ciento, cuando pudo compaginarlo con su trabajo. En noviembre, Sonia y yo fuimos a escuchar a Leif a una iglesia cercana en Ohio y pasamos un rato con él después del servicio.

Yo estaba haciendo unos pocos cientos de dólares al mes en ese momento, pero todavía no era muy consciente de cómo estaba sucediendo. Cada vez que la gente me dijo que querían hacer el programa, los inscribía y los entrenaba. Cada vez que necesitaba estar lejos en Cuba, Sri Lanka, o cualquier otro lugar, mis entrenadores mentores en Iowa se ofrecían a cuidar de mis clientes y de los entrenadores mientras yo estaba fuera. El negocio creció, incluso cuando yo estaba fuera del país.

Mientras hablábamos con Leif, mencionó lo saludables que nos veíamos Sonia y yo. Juntas, habíamos perdido 88 libras desde la última vez que nos vio en Malasia. Me preguntó qué pasaba, y le expliqué el programa de salud que habíamos pasado y la parte empresarial de esto. Y admití que con el pastorado, ser autora, ayudar a supervisar 350 iglesias en Cuba, ser capellán de las fuerzas del orden, además de esposa, madre y abuela, tenía demasiado en mi plato.

"No", dijo Leif a su manera paternal, siempre mirando el panorama general. "Tienes demasiados platos en la mesa".

Y tenía razón. Esposa, madre, abuela, pastora, capellán, madre espiritual, autora, conferencista, organizadora de eventos para mujeres, supervisora de una red de iglesias en toda Cuba, tenía demasiadas cosas sobre la mesa. Tenía demasiadas funciones para hacerlas todas bien. Ray incluso me lo había estado diciendo, sin embargo, había razones para cada una de esas funciones que implicaban batallar por el Reino en múltiples Montes de la sociedad. Era difícil desprenderse de cualquiera de ellos. Pero ahora, sobre todo con la opinión de mi padre espiritual, parecía el momento adecuado.

Un par de botellas de agua estaban sobre la mesa donde estábamos hablando. Cuando Leif me dijo que tenía demasiados platos en la mesa, hizo un movimiento de barrido con sus manos como si estuviera limpiando la mesa. Me dijo que tenía que reconocer cuáles eran las prioridades, las tareas para esta temporada, y cuáles no, para volver a priorizar todas mis funciones y responsabilidades desde cero.

Algunas no eran negociables, por supuesto. Dios, mi familia y mi llamado a las naciones y nuestra iglesia no iban a salir de la mesa. Pero ¿cuántas naciones y cuáles? Eso estaba abierto a discusión. Y mi nuevo negocio de la salud hasta entonces, había sido un pequeño platillo de taza de té en la esquina de mi mesa, ni siquiera uno de mis grandes platos. Entre todas las cosas que estaba haciendo, Dios me estaba llevando a un nuevo nivel. Necesitaba descubrir a qué decir que no para poder tener un sí lo suficientemente grande para lo que debería estar haciendo. Necesitaba revisar que me serviría a mí, a mi familia, a la iglesia y a las naciones, y lo que no.

Al adoptarnos a Ray y a mí como hijos espirituales, Leif nos había enseñado la diferencia entre una inversión para el Reino de Dios y un gasto. Un gasto nos agota; una inversión nos recarga. La mayoría de la gente gasta su tiempo, talento y tesoro en lugar de invertirlos. Cuando gastamos algo, generalmente no hay mucho crecimiento; pero cuando invertimos, generalmente vemos un retorno, muchas veces un gran retorno de nuestra inversión. Teníamos que determinar para la próxima temporada cuáles de nuestras funciones serían un gasto de tiempo, talento y tesoro, y cuáles serían una inversión.

Decidimos que mi temporada como capellán de las fuerzas del orden era uno de los platos que tenía que dejar de servir en un futuro próximo. Había sido una experiencia maravillosa e importante por un tiempo, pero ya no cabía en mi mesa como una prioridad. Unos meses más tarde, entregué mi placa a mi capellán jefe. Había pensado que me limitaría a orar por la gente, pero era mucho más que eso. De hecho, mi primera llamada fue un DOA, Dead on Arrival (Muerto a la llegada). Yo llevaba una mochila redada, una chaqueta de redada, esposas y Narcan. Era toda una gran responsabilidad, y me sentí honrada de servir a nuestra comunidad, pero esa temporada estaba llegando a su fin.

Hubo otras cosas que dejé aparcadas durante una temporada, no necesariamente de forma permanente, para dar a nuestro negocio tiempo y espacio para crecer. Fue una de las decisiones más sabias que he tomado. Permitió que Dios expandiera nuestro trabajo de forma sobrenatural de maneras que nunca hubiéramos podido predecir.

Aquella conversación con Leif me abrió los ojos.

Cada mes después de eso, Sonia me ayudaba a despejar mi mesa de nuevo y a repriorizar mis tareas para el Reino de Dios. Al cabo de nueve meses de reorganizar regularmente mis prioridades en función de las exigencias de cada mes, aparentemente había alcanzado un hito enorme en el negocio, y yo ni siquiera era consciente de ello.

Sonia y yo acabábamos de volver a casa de nuestra convención anual de negocios en St. Louis. Recogimos a Ray y nos dirigimos a cenar. Estábamos sentados en un restaurante de carnes, y miré mi teléfono después de pedir. Una de las entrenadoras de salud de nuestro equipo se había convertido en directora ejecutiva, y mis mentores la estaban celebrando en un hilo de texto. Luego miré el siguiente hilo, en el que aparecía yo celebrando mi primer FIBC, un Coach de Negocios Totalmente Integrado. No sabía exactamente lo que eso significaba, pero sabía que era algo grande. Empecé a llorar como un bebé en el restaurante. No tenía ni idea.

Cuando llegamos a casa, saqué la hoja de compensación y vi que estaba ganando unos 6.000 dólares al mes después de nueve meses de entrenamiento. Pensé: "Vaya, si puedo hacer eso sin saber lo que hago, ¿qué tal si descubro lo que hago y ayudo a otros a hacerlo también? Así que eso es lo que hice. Me metí de lleno.

Me convertí en empresaria y empecé a gestionar mi empresa como una directora general del Reino. Antes, sólo había intentado gestionar mi negocio como aficionada. Ahora lo haría como profesional. En tres meses, llegué a ser Directora Global, lo que nos reportó a Ray y a mí unos ingresos muy agradables. Quería regalarle nuestro programa de salud y nuestro negocio a todo el mundo. Cada persona en Estados Unidos y más allá merece la oportunidad de tener cada uno de estos increíbles regalos.

Una vez que llegué a ser Directora Global, supe en mi corazón que mi tiempo sirviendo como pastor de Familia de Fe estaba cerca de su fin. Llevaba allí cinco años y medio y había formado un sólido equipo de liderazgo. La cultura de la Iglesia había cambiado y funcionaba muy bien. Estábamos ministrando a la comunidad en formas que no habíamos hecho antes. Varios centenares de personas acudían cada mes a nuestra despensa de alimentos, un ministerio que no existía antes de mi llegada. Antes éramos tolerados en nuestra ciudad; ahora éramos celebrados (y lo seguimos siendo). La red de contactos del equipo de liderazgo con otros pastores era saludable y fuerte. Las cosas iban bien. Pero yo sabía que mi misión y esa temporada habían terminado.

La junta de supervisores externos de la iglesia, que incluía a Leif, acordó que mi tiempo allí había terminado. Reunimos a todos los ancianos un sábado por la mañana y les leí una carta en la que les pedía su bendición para la transición. No me limité a anunciarles que me marchaba, sino que les pedí su bendición de acuerdo con la cultura de honor que habíamos cultivado con esmero.

La mayoría de estos ancianos y sus esposas habían pasado por nuestro programa de salud, y sabían que yo ya no necesitaba estar en la Iglesia por un sueldo. El dinero no me llevó a Ohio, y el dinero no me iba a mantener allí.

"Quiero renunciar a mi sueldo para que podamos contratar a otro pastor", les dije.

"No, todavía queremos pagarte", me dijeron. "Queremos honrarte como nuestra pastora y por lo que has hecho aquí". Porque ya sabían lo que era el honor. Pero yo les dije que no necesitaba el dinero.

Insistieron. "Lo que decidas hacer con el dinero es cosa tuya, pero queremos honrarte".

Así que acabamos devolviéndolo todo a la iglesia. De hecho, todavía damos en esa medida. Ahora damos al Reino de Dios en un año más del doble de lo que solíamos hacer. Es mi deseo y el de Ray que ese porcentaje crezca cada año.

Los ancianos y yo navegamos cuidadosamente mi transición sobre los siguientes seis meses. Durante un servicio de domingo por la mañana en diciembre de 2018, prediqué un mensaje titulado "El poder de la Decisión" y anuncié a la familia de la iglesia que Ray y yo haríamos la transición a Nashville para estar más cerca de nuestro hijo, hija por amor (nuera) y nuestros dos nietos. Pusimos todas las piezas en su lugar para asegurarnos de que mi salida fuera sin problemas, tanto para Ray y para mí, y sobre todo para la Iglesia. Tres meses más tarde, hicimos nuestra mudanza a Nashville. Muchos me han dicho, incluso pastores, que nunca han visto a un pastor pasar por una transición eclesiástica que fluyera tan bien.

Mi hijo espiritual Josué, de Cuba, a quien había conocido durante diecisiete años, había sido uno de nuestros pastores asociados durante algunos años. Estaba más que calificado para asumir el cargo de pastor principal. Sabía que podía llevar a la Iglesia al siguiente nivel. Antes de que él y su bella esposa, Leyanet, vinieran a los Estados Unidos, supervisaba treinta y dos iglesias en Cuba. Josué lleva el manto de pastor.

Cuando llegó marzo, todos estábamos preparados. Años después, Familia de Fe todavía tiene una cultura próspera y está haciendo grandes cosas para el Reino de Dios. Josué sigue liderando esa increíble familia de la iglesia, a su vez siguen teniendo un impacto significativo en la comunidad y el estado de Ohio.

UN LLAMADO APOSTÓLICO PARA QUE LA IGLESIA ESTÉ SALUDABLE

En 2019, Ray y yo alcanzamos el millón de dólares mensuales en ingresos. Nuestros entrenadores patrocinadores nos estaban celebrando, y uno de ellos preguntó: "¡¿Sabes lo que eso significa?!".

"Um, no, no tengo ni idea", dije. Un negocio con ingresos de un millón de dólares al mes era sólo un número para mí.

Tres meses después, Sonia y yo volvíamos a Tennessee en carro desde nuestra iglesia de Ohio, donde yo había estado ministrando, y cuando entrábamos en Nashville, me di cuenta. Me volví hacia ella y le dije: "¡Ahora sé lo que significa! Significa que un millón de dólares en productos se compran a través de nuestra organización cada mes. Es una locura". Por supuesto, en ese momento, Sonia pensó que yo estaba loca. Las dos nos reímos mucho.

Fue un gran despertar para mí. No es que no me gusten los números o no sepa cómo manejarlos. Me gustan. Pero no tengo ansias de dinero, y yo simplemente no le doy tanta importancia a los niveles y momentos clave. Sé que debemos gestionar nuestro negocio y hacerlo con espíritu de excelencia, y lo hacemos. Llevamos la excelencia a todo lo que hacemos porque eso es importante y honra a las personas con las que trabajamos. Como resultado, hemos alcanzado cerca de $ 3 millones al mes en ingresos mientras estoy escribiendo este libro, y nuestros ingresos han aumentado de forma natural junto con eso. No estoy revisando constantemente las hojas de compensación para ver cómo sucede. Sólo es algo en lo que confío en Dios.

En abril de 2021, Ray y yo alcanzamos otro hito de 83.333 dólares al mes en ingresos. La mayoría de la gente no tiene idea de lo que significa ese número. Yo no lo sabía antes de convertirme en el CEO de mi negocio del Reino. Ese número en realidad significa resultados millonarios, con un ingreso mensual de $2 millones o más en nuestro negocio. Ray y yo no esperábamos alcanzar ese objetivo hasta dentro de tres o cuatro meses. De hecho, yo estaba de camino a una cumbre celebrada en la iglesia de Ché Ahn, Harvest Rock, en Pasadena, cuando recibí un mensaje de texto de

Ray con una captura de pantalla de nuestro bono mensual informándome que habíamos llegado a 83.333 dólares por mes.

Tenía previsto reunirme con Ché mientras estaba en el evento. No mucho antes, me había entrevistado para su programa de televisión sobre lo que estaba pasando en Cuba, así como en nuestro país. Entonces la entrevista giró en torno a nuestro negocio de Entrenamiento de salud. De hecho, desde esa entrevista Ché y su esposa Sue, se inscribieron en el programa. Eso me encanta. Y han experimentado resultados increíbles.

Mientras yo esperaba a Ché fuera de su oficina, otro caballero también estaba allí. Me preguntó cómo me había conectado con Ché y lo que me llevó a la cumbre que estábamos asistiendo.

"Busco estar mejor equipada como ministro empresarial", le dije. "Sé que he estado funcionando como pastora y también como misionera. He sido pastora durante varios años, pero creo que funciono más como apóstol."

Un pastor pastorea a las personas y se asegura de que sean atendidas, pero un apóstol funciona más como un CEO, un organizador, un líder que equipa a otros para su asignación en el Reino.

Entonces le conté al señor una historia que había tenido lugar en los últimos años. Se remontaba a mucho tiempo atrás. Había sido parte de la red Global Awakening (Despertar Global) de Randy Clark por mucho tiempo, pero unos cuatro o cinco años antes de esta cumbre con Ché, mientras pastoreaba en Ohio, sentí que había algo más que podía hacer en ese campo. Recuerdo haber sentido un estruendo en mi espíritu sobre este manto apostólico mientras conducía hacia Atlanta. Pero yo no lo entendía. Yo había estado en la red de Randy, Red Apostólica del Despertar Global

(ANGA), durante muchos años y había recibido formación para ese tipo de tarea, pero las piezas todavía no encajaban. Tenía que hablarlo con alguien.

Normalmente hablaba con Leif sobre este tipo de cosas, pero él estaba ejerciendo su ministerio en otro país. Así que llamé a Papa Jack Taylor, el padre espiritual de Leif y una figura paterna para mí. Le expliqué lo que estaba sintiendo y mis antecedentes en esa área, y le pregunté si había un libro que pudiera ayudarme a entender mi función como apóstol.

"Él te está usando para escribir el libro", dijo papá Jack con su voz cariñosa y convincente. Él tenía un corazón para animar a la gente a abrir nuevos caminos.

"No tengo tiempo para escribir un libro, papá", le dije respetuosamente. "Necesito un libro ya".

Papá Jack me dio un buen consejo, que acepté y seguí adelante. Alrededor de una semana más tarde, cuando ya estaba de vuelta en la iglesia, una de mis hijas espirituales de Atlanta me envió una foto de la portada de uno de los libros de C. Peter Wagner, *Apóstoles y Profetas*. Nunca había oído hablar de el, y ella no tenía ni idea de lo que estaba pasando conmigo en las últimas semanas. Le pregunté de dónde había sacado el libro y por qué me había enviado la foto de la portada y ella dijo, "me lo encontré y pensé en ti".

Así que pedí el libro inmediatamente y lo leí de camino a una conferencia en la Iglesia Bethel en Redding, California. Me consumió todo el camino. Parecía que Peter había escrito ese libro específicamente para mí. Me ayudó a empezar a entender mi función, no como un título o un trabajo para poner en una tarjeta de visita, sino cómo operar en el papel de un apóstol.

Por primera vez como pastora, sentí que me quitaba un par de zapatos que no me quedaban bien y un abrigo que me resultaba incómodo y me ponía unos zapatos y un abrigo que me quedaban perfectos. Empezaba a comprender mi verdadera función en el ministerio quíntuple como alguien llamado a servir como apóstol.

Varios meses después, tras nuestra transición a Nashville, uno de nuestros intercesores proféticos en nuestra iglesia en Ohio me envió una grabación sobre las funciones de los apóstoles, profetas e intercesores. La escuché y saqué mucho de ella, pero empecé a preguntarme: ¿Quién se dedica a equipar apóstoles? Los apóstoles tienen la tarea de equipar a las personas que llevan el manto de profeta, evangelista, pastor, maestro, y todos los demás en el cuerpo de Cristo con el fin de ejercer sus dones espirituales, pero ¿quién estaba equipando a los apóstoles? Necesitaba más.

En una búsqueda en línea, encontré uno de los libros de Ché llamado *Apóstoles de los Días Modernos*, así que lo pedí. Descubrí que tenía una red y una Escuela de Apóstoles para equiparlos.

Presenté mi solicitud y me entrevistaron, y cuando se enteraron de mis conexiones con Leif, Global Awakening y otros líderes apostólicos, me aceptaron inmediatamente. Fui a mi primera Cumbre Global en Pasadena en agosto de 2020. En ese momento, Ché estaba demandando al gobernador y al estado de California debido a las políticas discriminatorias de COVID, e incluso entonces, se consideró una reunión ilegal. Apareció la policía y fue toda una aventura, pero no es extraño para mí después de ir a Cuba, China, y Pakistán a lo largo de los años.

Ahora, de vuelta a la Iglesia de Ché para otra cumbre el siguiente año, este caballero que esperaba conmigo fuera de la oficina de Ché me preguntó cómo estaba conectada con él. Le conté mucho de esta historia de querer durante años entender cómo funcionar en un papel apostólico.

"Aunque ya llevaba un tiempo funcionando de esa manera", le expliqué, "recién ahora estoy comprendiendo la realidad de ello". Le conté cómo habíamos estado en el ministerio durante años en esas funciones sacerdotales, pero ahora, con nuestro negocio, estábamos descubriendo cómo funcionar entre reyes. Yo sabía muy bien cómo vivir como hija; ahora quería aprender más sobre el apostolado para cumplir plenamente mi misión en el Reino aquí en la tierra.

"¿A qué te dedicas?", me preguntó.

"En realidad, soy entrenadora de salud", le dije, y le conté la historia de cómo había empezado y que acabábamos de alcanzar la marca de un millón de dólares de ganancias mensuales y 83.333 dólares de ingresos.

"Trabajo para la revista Charisma", me dijo. "Me encantaría hacer tu historia".

Así que intercambiamos nombres e información de contacto. Entonces me di cuenta de que Ray y yo estaríamos en Orlando un par de semanas después. Charisma nos dio un trato de primera clase desde el momento en que cruzamos sus puertas hasta la entrevista.

Estuvimos allí durante cuatro horas para que les contáramos toda nuestra historia. Fue el tiempo de Dios y una experiencia maravillosa.

Desde entonces, varias personas que también tienen un llamado apostólico o profético se han unido a nuestra red empresarial. Un conferencista internacional y entrenador de salud de nuestra empresa es un gran apasionado de la asignación de sacerdote-rey. Está también en el proceso de escribir un libro sobre esas funciones y la unción que viene con ellos. Estas personas han acabado de despegar con el negocio de entrenamiento de salud. Ellos han logrado estar saludables y también están ayudando a miles de personas a hacer lo mismo.

Colectivamente, estamos en una misión para lograr una iglesia saludable en espíritu, alma y cuerpo, con mentalidad, relaciones y finanzas saludables, además de nuestro enfoque de por vida en el crecimiento espiritual y el avance del Reino de Dios. Todos ellos van de la mano, como un hermoso y creativo tapiz.

Creo que una de las razones por las que no hemos completado la Gran Comisión es la falta de finanzas. Conozco a muchas personas que tienen una misión en el Reino y una gran pasión y corazón para llevar a cabo su asignación. Pero están tan limitados debido a sus recursos financieros. Es un enorme problema que debemos resolver.

Por cierto, esto no es problema de Dios. Él posee el ganado de mil colinas. Todos los recursos le pertenecen: no a las naciones ricas ni a los reyes extranjeros, ni los titanes de Wall Street y Madison Avenue, sino a Dios, el Rey del universo. Todo en el planeta es suyo. Así que la pregunta es, ¿cómo podemos aprovechar lo que Él ya tiene? ¿Cómo entendemos esa invitación y ¿cómo administramos los recursos que Él nos ha dado?

La mayoría de nosotros estamos familiarizados con el dicho "Dios no te dará más de lo que puedas manejar". Generalmente pensamos en ello cuando pasamos por una mala racha en la vida o cuando parece que se desata el infierno. Pero también creo en la otra cara. ¿Puede Dios confiar en ti para un negocio? ¿Puede confiarte las riquezas? ¿Puede confiar en ti para que administres la abundancia de las riquezas para su Reino y para la Gran Comisión? Si Él puede, ¡Él te la dará!

Ray y yo hemos pasado los últimos años tratando de educarnos sobre este tema y ayudando a la gente a aprender a construir la riqueza del Reino. Pasamos por una temporada de aceleración mientras Dios seguía abriendo puertas, aumentando las estacas, y atrayendo a la gente a nuestra red de clientes y entrenadores. Pero creemos que toda la Iglesia está en una temporada de aceleración en el paso a nuevas formas de pensar y experimentar nuevos niveles de poder y provisión. Ha quedado claro que esta es una estrategia clave para avanzar en los propósitos del Reino de Dios.

Por ejemplo, si organizaba un evento para pastores en Cuba, tenía que recaudar los miles de dólares necesarios para celebrarlo. Apenas dos meses antes de comenzar mi viaje con el programa de salud y lanzar nuestro negocio de Entrenamiento de salud, organicé dos eventos de mujeres en Pakistán. Esos dos eventos costaron miles de dólares que tuve que recaudar. Ahora con cualquier evento que Dios me llame a hacer en los Estados Unidos o internacionalmente, puedo financiar mi propia asignación del Reino.

No me malinterpreten, no hay nada malo en que otros siembren en mi ministerio o asignación del Reino. La gente lo hace, ¡todos los días! No quisiera restringirlos de recibir una bendición (ver Hechos 20:35). ¿Por qué? Porque creen en mi misión y confían en mí. Pero no tengo que esperar a alguien más o usar la excusa de que simplemente no tengo el dinero para hacerlo.

Muchos cristianos se sienten limitados por la falta de recursos: No tengo dinero para hacer ese viaje misionero que siempre ha estado en mi corazón. No tengo dinero para construir ese orfanato. Quiero abrir un hogar para niños y mujeres víctimas de la trata, pero no tengo el dinero. Una vez más, esto no es problema de Dios. Él tiene recursos más que suficientes.

Dios dijo: "Te he dado la capacidad de crear riqueza" (Deuteronomio 8:18). Pero a menudo pasamos por alto pasajes de las Escrituras como éste. ¿Cuántos de nosotros hemos escuchado un sermón sobre ese versículo? Dios tiene calles de oro y puertas de perla. Posee el ganado de mil colinas. ¡Eso es mucho ganado! El problema no es la falta de recursos; son las limitaciones que nos hemos puesto para recibirlos.

MINISTRANDO EN AMBAS UNCIONES

Heather Wallace, una de las mujeres de nuestra red de negocios, ha estado en el ministerio con su marido durante más de veinte años como pastores, oradores y líderes. Pero no mucho después de que les presentaran el entrenamiento de salud y de que su negocio empezara a prosperar, le hicieron una pregunta que la hizo detenerse a pensar:

"¿Cuándo saltaste del ministerio a los negocios?".

Era una pregunta sincera de alguien que realmente quería saber, pero venía de una mentalidad en la que estos dos ámbitos de la vida estaban separados el uno del otro. Después de reflexionar Heather ofreció a esta mujer una nueva perspectiva.

"Nunca pasé del ministerio a los negocios", dijo. "Mi negocio es una extensión de mi ministerio porque el ministerio no siempre es lo que creemos que es. No es un título, una tarea o una agenda. Es un llamado. Es lo que somos en el fondo".

Heather continuó explicando que los negocios simplemente crean el beneficio para lo que fuimos creados como hijos e hijas de Dios. Como deja claro la Biblia, somos la cabeza y no la cola, los que prestan y no los que piden prestado, los que están arriba y no debajo. (véase Deuteronomio 28:13). Nos convertimos en canales para que el Reino de Dios venga. La Iglesia a menudo ha creído esto cuando se trata de sanidades o demostraciones del poder y la presencia de Dios. ¿Por qué no cuando se trata de finanzas?

La provisión financiera es una parte crítica del avance del Reino de Dios en la tierra, así que cuando somos eficaces tanto en el ministerio como en los negocios, o realmente los vemos como dos aspectos del mismo trabajo, el ministerio que ocurre dentro de los muros de la Iglesia comienza a ocurrir también fuera de ellos. No es una cosa o la otra. Se nos ha dado dominio sobre todo.

Como mujer joven que se iniciaba en el ministerio, a Heather le enseñaron lo que a tanta gente se le ha enseñado a creer: que puedes ser ungido como "sacerdote" o como "rey", alguien en el ministerio o en el mundo de los negocios y el gobierno, pero no ambos. Pero eso no es lo que enseñan las Escrituras. David es un gran ejemplo: él funcionó como rey y sacerdote a la vez. También nos han enseñado a creer que los cristianos, especialmente los que están en el ministerio, no deben prosperar. Pero Juan oró por su amigo Gayo para que "prosperara en todo y gozara de buena salud", al igual que prosperaba su alma (3 Juan 1:2).

¿Cómo podemos ser nosotros los que cuidemos de las viudas y los huérfanos si nadie entre nosotros tiene los medios económicos para hacerlo?

"Creo sinceramente que debemos levantarnos en esta generación y recuperar las llaves que Dios nos ha dado", dice Heather.

"Nos ha dado todo el dominio, la autoridad y el poder para ejercerlos tanto en el mundo empresarial como en el campo misionero. Estamos en nuestro mejor momento cuando operamos plenamente como reyes y sacerdotes".

Mi amigo y colega Matt Sorger señala que Pablo era a la vez fabricante de tiendas y apóstol. No tenía un trabajo de nueve a cinco y trataba de encajar el ministerio a su alrededor. Él veía el ministerio y los negocios como compatibles. Matt cree que Dios está liberando una "unción de José" sobre su pueblo. Así como Dios llamó a José y le dio la sabiduría y la creatividad para establecer un almacén para salvar al pueblo durante un tiempo de hambruna, así también Dios está bendiciendo a su pueblo con una unción de negocios y estrategias que crearán almacenes de riqueza.

"Dios tiene la habilidad para darnos ideas creativas, estrategias, invenciones, y planes de negocios para que podamos prosperar tanto en el ministerio como en los negocios para impactar el mundo que nos rodea", dice Matt. "Dios es un Dios de más que suficiente. Unge nuestras cabezas con aceite y nuestras copas rebosan. Jesús vino a darnos vida hasta que rebose. Saber que ésta es la naturaleza de Dios nos da fe para recibir todo lo que Él tiene para nosotros."

Hace poco que Matt conoció el entrenamiento de salud. Había visto que este programa de salud funcionaba con otras personas y finalmente decidió probarlo tras darse cuenta de que sus planes de perder peso y ponerse en forma no estaban funcionando por sí solos. En una semana, su cuerpo había cambiado lo suficiente como para que sus familiares se dieran cuenta y le preguntaran cómo participar, y a partir de ahí se metió en el negocio y empezó a prosperar. Pastores y otros amigos del ministerio que habían luchado contra el dolor, la inflamación, la diabetes, el agotamiento y mucho más, empezaron a experimentar transformación y a ver su energía renovada con este programa.

Matt supo entonces que Dios le estaba llamando a este negocio de la salud para ayudar a transformar a la gente no sólo espiritualmente, como había estado haciendo durante mucho tiempo, sino también físicamente. Hace años, había planeado convertirse en doctor como proveedor de atención médica. Ahora está cumpliendo ese deseo como una extensión de su ministerio como entrenador de salud.

Como ya dijimos, este trabajo de ministerio y negocio nunca es una cosa o la otra, como se nos ha enseñado durante mucho tiempo. Es ambas cosas a la vez. Aunque Matt ha tenido durante mucho tiempo un ministerio muy eficaz, cree que el ministerio es más grande de lo que a menudo hemos creído. Él dice, "Dios quiere prosperar a las personas en los negocios, traer provisión para ellos y también bendecirlos tanto que sean un conducto de las finanzas del Reino de modo que puedan ayudar a cambiar el mundo".

RECONSIDERANDO A JESÚS

Uno de los mayores obstáculos para este cambio de paradigma es la incomprensión de lo que leemos en los Evangelios. Muchos de nosotros hemos tenido la impresión de que Jesús siempre fue pobre, sin donde reclinar la cabeza. Parece encajar con la historia de su nacimiento, ¿verdad? Pero si eres mujer, probablemente puedas imaginarte la situación de María y relacionarte con ella. Está a punto de dar a luz.

La presión de su precioso bebé a punto de salir junto con los empujones en el lomo firme de un burro es todo lo que puede manejar. Cualquier mujer en su condición estaría diciendo: "¡Sácame de este burro ya! No me importa dónde nazca este bebé, si en un campo, en medio de la calle, en una cueva o en un establo. Sólo encuéntrenme un lugar para sacarme esta cosa de encima". Por supuesto, con el debido respeto al Mesías como el que carga toda la presión.

José era un hombre de negocios. Si José y María necesitaban dinero, él podía simplemente construir una mesa o una cama. Creo que tenían dinero para una habitación en la posada; simplemente no había habitaciones disponibles porque la ciudad estaba totalmente ocupada. Así que José se apresuró a encontrar un lugar, cualquier lugar, para que María diera a luz.

¿Qué le trajeron después a Jesús los tres Reyes Magos? Incienso, oro y mirra, cosas muy caras. ¡Eso es riqueza! Los reyes magos le trajeron a Jesús regalos extravagantes. No se nos dice qué pasó con ellos, pero sí sabemos que se los dieron a su familia. No eran pobres.

Cuando Jesús estaba muriendo en la cruz, un grupo de soldados romanos apostaron por sus vestiduras. ¿Por qué apostarían los soldados romanos por las vestiduras de un judío si eran harapos? Él no había muerto todavía, así que no tenían tumbas abiertas, truenos y relámpagos, o gloriosas demostraciones del poder de Dios que les hicieran pensar que su manto podría ser valioso. De alguna manera nos da la impresión de que era de tejido de arpillera o de otro material grueso, sencillo, pero tenía que ser bastante bonito para que los soldados lo quisieran.

Hemos tenido una impresión equivocada sobre Jesús y su relación con el dinero. El dinero sirve a un propósito importante en su Reino. Dios quiere levantar a sus hijos e hijas que ya no abrazan una mentalidad de pobreza como testimonio de su madurez espiritual, que entienden su función como sacerdotes y reyes, cuyos corazones y mentes han sido probados, y que están preparados para avanzar hacia las bendiciones inesperadas que Él tiene para.

5

NUESTRO LLAMADO COMO SACERDOTES Y REYES

Las luchas con Dios siempre implican momentos decisivos en nuestras vidas. Cada vez que luchamos con Dios, Él gana, como lo hizo con Jacob, y terminamos cojos. Pero cada vez que luchamos con Dios y ganamos, también somos elevados a un nuevo nivel, como Jacob. Cuando luché con Dios en el suelo en Toronto durante dos horas y media, me levanté cojeando, pero mi cojera indicaba que estaba siendo transformada. No recibí simplemente un toque o un impacto de Dios. Me transformó la vida.

Hay una diferencia entre un toque y una transformación. Demasiadas personas en el Cuerpo de Cristo buscan un toque de Él, y Él se los da. Pero un toque puede desaparecer rápidamente. Cuando eres transformado, eres cambiado de por vida. Por ejemplo, si yo meto un clip en un tomacorriente de pared, seré tocada. Sentiré la descarga y puede que se me carbonicen las puntas de los dedos. Pero si me subo a un poste de electricidad y pongo mis brazos alrededor del transformador en lo alto de ese poste, ¡me transformaría! Ya no sería la misma. No caminaría igual, ni hablaría igual, ni pensaría igual, ni viviría igual.

La mayor parte de la Iglesia busca un toque cuando Dios realmente quiere transformarnos, y eso es lo que literalmente me ocurrió en ese piso en 2003. Me levanté cojeando y ya no caminaba, ni hablaba, ni vivía, ni pensaba de la misma manera. Así que siempre busco una transformación, no sólo un toque.

Tuve otra experiencia de lucha con Dios sobre esta idea de funcionar como rey en lugar de sólo como sacerdote. No me oponía a ello; me encantaban sus implicaciones en términos de impacto en el Reino. Pero tenía muchas cosas entre manos. ¿Cómo iba a compaginar los negocios y el ministerio? Era algo tan extraño para mí que tuve que decirle a Dios que no estaba segura de cómo hacerlo todo. No sabía cómo hacer la transición. Necesitaríamos un entrenador de negocios, un abogado de negocios y un asesor financiero ¿Cómo podía hacer que todo eso funcionara a la luz de todo lo demás que estaba haciendo?

A diferencia de mi bautismo de amor, no se trataba de cambiar mi corazón. Ya tenía corazón para llegar a reyes y comunidades. No me oponía en absoluto a lo que Dios estaba haciendo. Pero no podía asimilarlo. Necesitaba una transformación mental.

ENTRANDO EN EL MUNDO DE LOS REYES

"No sabemos cómo ser millonarios", le dijimos al entrenador de negocios de Utah que acabábamos de contratar. Le contamos cómo nuestro negocio había seguido creciendo y cómo habíamos llegado al punto de darnos cuenta de que necesitábamos ayuda, y no ¿de las fuentes en las que siempre habíamos confiado.

Muchas cosas estaban cambiando en nuestras vidas, y sabíamos que no estábamos preparados para afrontar todos los cambios por nosotros mismos.

En las funciones de rey-sacerdote en las que nos encontrábamos, queríamos saber más sobre el lado rey de las cosas, el mundo empresarial.

Ese es un problema común con los creyentes en general, no sólo con nosotros. Entendemos la función sacerdotal, el ministerio, la oración, la adoración, la evangelización, el ayuno, el tiempo de quietud y todas las cosas que consideramos espirituales, pero no sabemos realmente cómo desempeñarnos en una función de realeza o entre personas con ese tipo de llamado o unción. No siempre sabemos cómo manejar personas, finanzas, gobiernos y negocios.

Así que reunimos un equipo a nuestro alrededor: un entrenador de negocios, un asesor financiero, y luego un abogado de negocios y también una tonelada de asesoramiento de Leif. Escuchamos a gente de negocios y aprendimos todo lo que pudimos, y seguimos haciéndolo. Hemos leído casi todos los libros de Robert Kiyosaki y su equipo, empezando por "Padre Rico, Padre Pobre", así como a otras muchas personas con experiencia en este campo, como los libros de Gary Keesee "Fixing the Money Thing" (Arreglando el asunto del dinero), "Money Mysteries from the Master" (Misterios monetarios del Maestro), y otros. Este conjunto de conocimientos fue como una revelación para nosotros.

Le hablamos a nuestro hijo de Padre Rico, Padre Pobre, y nos dijo, "Mamá, yo tengo eso. Está guardado". Un día o dos más tarde nos lo prestó, aunque yo ya había pedido mi propio ejemplar.

"Esto es increíble", dije. "¿Por qué nunca supe de estas cosas?". Hice una foto de la portada, se la envié a Leif y le dije: "¿Has leído este libro?".

"Sí", respondió. "Todos mis hijos tuvieron que leerlo".

"¿Cómo dices?" Me reí. "¿Me hiciste leer libro tras libro sobre vivir el llamamiento sacerdotal, pero nunca me diste este libro?" Estaba atrapada. Leif sabía que había muchas otras áreas en las que necesitaba trabajar antes de poder empezar a leer libros sobre la riqueza y la abundancia del Reino. Ahora leemos cada libro que cae en nuestras manos con este tipo de enseñanza.

El enfoque de Kiyosaki se basa en hacer crecer un flujo de caja a partir de cuatro cuadrantes: E es para ser Empleado. A es para ser Autónomo, en el que todavía puedes tener un edificio de ladrillo y mortero al que ir y algo de financiación para financiarlo, pero no tienes tiempo porque tienes que dirigir el negocio, aunque normalmente él acaba dirigiéndote a ti. La P se refiere a ser Propietario de un negocio, que es un paso más, pero sigue consumiendo mucho tiempo. Y la I es de Inversionista. En cinco años habíamos pasado por todos los cuadrantes y ahora estábamos en condiciones de invertir: el cuadrante I.

Teníamos a nuestro asesor empresarial y a nuestros asesores financieros, y queríamos invertir en una propiedad que nos sirviera de hogar lejos de nuestro hogar. Estuvimos a punto de comprar una propiedad en Orange Beach (Alabama), pero a tres días del cierre se frustró. Estudiamos Punta Cana, en la República Dominicana, pero durante la subida del COVID nos preguntábamos si siempre podríamos llegar allí cuando quisiéramos. (Acabamos comprando una casa allí hace poco). Luego nos fijamos en Sarasota, Florida. Ya habíamos celebrado dos eventos de entrenamiento allí y nos gustaba esa zona de Florida. Quizá fuera el lugar adecuado.

Resultó que había muchas razones para mudarnos a Florida, no sólo comprar una casa de vacaciones allí. Para empezar, Florida es uno de los pocos estados sin un impuesto estatal sobre la renta. Ese era muy atractivo. Pero también empezamos a pensar en los negocios. El de Tennessee era del 6,5%, lo que nos costó 15.000 dólares el último año, sólo por una parte del año, y Alabama era el mismo. Pero en Florida, es del 5,5 por ciento, y si usted tiene una LLC (Limited Liability Company) Compañía de Responsabilidad Limitada, usted está exento de impuestos. Eso cambió las reglas del juego para Ray y para mí.

No queríamos dejar a nuestro hijo y a su familia en Tennessee, pero también veíamos muchas ventajas de estar en Florida: las playas, la ausencia de impuestos y estar mucho más cerca de Cuba, entre otras. Así que le dijimos a nuestro hijo: "Podemos darle el dinero al gobierno o dejártelo a ti. Podemos quedarnos en Tennessee y seguir viviendo a la vuelta de la esquina o darte a ti y a tu hermana una herencia mayor".

No era una elección tan difícil para ninguno de nosotros, así que nos mudamos.

Y no pasó mucho tiempo antes de que volviéramos a nuestro plan original e invirtiéramos en una propiedad que pudiera ser hogar lejos de nuestro hogar. Por cierto, nuestro hijo y su familia nos visitan a menudo en Florida y les encanta.

UN GIRO INESPERADO

Para las personas que nunca han tenido un plan de jubilación, poder invertir era una gran ventaja. También era vital para gestionar gastos inesperados.

En 2019, nuestro seguro de vida estaba expirando. Habíamos obtenido la póliza como misioneros unos cuarenta años antes, y llegó a su término. Por supuesto, querían que pagáramos unos 700 dólares al mes para conservarlo. Las tarifas suben drásticamente con el paso del tiempo, la edad, los problemas de salud y el aumento del costo de vida. Las pólizas de seguro ya no cuestan lo que costaban a los veinte años.

Ojalá hubiéramos entendido más sobre seguros de vida en nuestros años. Habríamos hecho las cosas de forma muy distinta. Pero en aquel entonces, y probablemente hoy, la mayoría de los misioneros, pastores, evangelistas y ministros en general sabían poco o nada sobre seguros de vida, inversiones o gestión de cualquier tipo de patrimonio. Ojalá hubiera tenido a alguien como Leif en nuestras vidas hace muchos años para darnos consejos sabios y piadosos. Esa es una de las razones de este libro.

Pensamos que podríamos hacer otra cosa con la cantidad que la compañía de seguros esperaba que pagáramos para mantener nuestro plan, como invertir en propiedades de alquiler. Habíamos aprendido mucho sobre cómo administrar nuestras finanzas para el Reino e invertirlas en el futuro de los miembros de nuestra familia y en las naciones.

Como veíamos que nuestros ingresos aumentaban, seguíamos queriendo un seguro.

Así que nuestro asesor financiero encontró un plan que era mucho mejor que una póliza temporal. Se fijó una hora para que la enfermera viniera a nuestra casa y nos hiciera todas las pruebas: análisis de sangre, orina, presión sanguínea y toda la rutina.

Yo pasé con éxito. Ray no. "Tu corazón está como de saltando ", dijo. "Tendrás que hacerte un examen físico".

Tardamos un par de meses en hacerle una prueba de esfuerzo debido a la pandemia de COVID. Fue un jueves y yo tenía una videollamada programada con un entrenador. En medio de mi llamada, recibí una llamada de Ray. Fue extraño: sabía que tenía una cita. No contesté.

Ray inmediatamente me envió un texto pidiéndome que le llamara de inmediato, lo que por supuesto hice. Me dijo que tenía que ir al hospital y que no podía conducir. El médico no se lo permitía. O iba yo a buscarle y le llevaba al hospital o tendría que ir en ambulancia.

Me puse en contacto con Sonia, con nuestro hijo y nuestra hija, mientras yo salía conduciendo de la comunidad donde vivíamos. El resto del día fue un borroso. Recogí a Ray y lo llevé inmediatamente al hospital. Cuando llegamos allí, no se me permitió entrar porque la COVID acababa de empezar. Sin ninguna información para seguir adelante, me preguntaba si iba a tener que tener una cirugía de corazón o alguna otra intervención de crisis. Yo estaba completamente en la oscuridad, pero me dijeron que me fuera a casa y esperara a que alguien llamara.

Al cabo de unas horas, me dijeron que podía ir a recogerlo. Le hicieron unas pruebas en el hospital y salió con tres prescripciones, una de ellas con un cupón. Cuando fuimos a buscarlas a la farmacia, nos dijeron que era bueno que tuviéramos ese cupón. De lo contrario, la prescripción habría costado 500 dólares.

Eso no nos afectó porque habíamos llegado muy lejos económicamente. Pero nos hizo preguntarnos qué se supone que hace la gente con algo así si no tiene seguro ni tanto dinero disponible, que así fue como lo pagamos. Fue un gran despertar a las tensiones financieras de la asistencia médica estadounidense, algo que en general habíamos podido evitar hasta ese momento de nuestras vidas.

Tuvimos una llamada de Zoom con el cardiólogo de Ray el siguiente lunes. El cardiólogo nos dijo que tenía una frecuencia cardíaca de 170 cuando fue para el examen físico, lo cual está al borde de un derrame cerebral. Por eso no se le permitió conducir hasta el hospital. El cardiólogo también nos dijo que Ray tendría que tener una ablación cardíaca para prevenir señales eléctricas irregulares. Eso yudaría a que su ritmo cardíaco volviera a la normalidad y permaneciera allí.

Pero la ablación se pospuso varias veces, primero cuando el médico tuvo una emergencia y tuvo que posponerla, luego porque Ray tuvo COVID y terminó en la sala de emergencias por eso, y luego porque salimos del país y nos dijeron a nuestro regreso que tendría que esperar. Finalmente, pudieron hacer la ablación el 30 de diciembre de 2020, y fue un éxito. ¡Gracias, Jesús!

Aún así, la cuestión de cómo la gente gestiona este tipo de crisis y este tipo de gastos si no están en la posición en la que estábamos nosotros es importante. Estoy convencida de que Dios quiere bendecir a su pueblo, pero no muchos se están posicionando para ese tipo de bendición. Si Leif no nos hubiera estado formando, entrenando y hablando a nuestras vidas todos esos años, no sé cómo lo habríamos manejado. Yo no habría estado preparada.

Debemos cambiar nuestra forma de pensar sobre nuestras relaciones, nuestras finanzas y nuestra salud. El problema no suele estar principalmente en nuestra cuenta bancaria, o en nuestro corazón, estómago o pulmones. La cuestión más profunda es lo que ocurre en nuestra mente.

Hace poco vi un vídeo de un tipo de unos cien kilos haciendo ejercicio. Se había sometido a una operación de manga gástrica, que se ha convertido en algo bastante común. Conozco a varias personas que se la han hecho, incluso un par de veces, pero como su mente no estaba en un estado saludable, recuperaron la mayor parte o todo el peso, y a veces más. El 83% de los estadounidenses tienen sobrepeso o son obesos. Se trata de una epidemia a la que debemos hacer frente, y nuestro programa de salud está haciendo precisamente eso.

Hemos orado por muchas personas a lo largo de los años y hemos visto a Dios sanarlas milagrosamente. Pero si ellos regresan y comienzan con los mismos hábitos que los llevaron a una vida sin salud, su sanidad podría no durar mucho tiempo. Matt Sorger ha experimentado lo mismo. "Puedo orar por ellos en el altar", dice, "pero si no cambian su forma de comer, si no cambian su nutrición, sus problemas de salud van a persistir". El problema no está en nuestros estómagos, está en nuestras mentes.

Lo mismo ocurre con las finanzas. A veces, la gente recibe mucho dinero, ya sea por el auge de un negocio, una herencia o incluso la lotería. Pero si no cambian su mentalidad sobre el dinero y sus hábitos de gasto, a menudo se encuentran endeudados o en bancarrota y de nuevo intentando llegar a fin de mes. Se enriquecen y vuelven a empobrecerse.

Pero hay una diferencia entre hacerse rico y adquirir riquezas. Lo crea o no, la mayoría de las personas que ganan la lotería se declaran en quiebra en un plazo de tres años. Las estadísticas muestran que el 70% de los ganadores de lotería acaban arruinados, y un tercio se declara en quiebra[1].

El gasto desenfrenado, las inversiones tóxicas y una contabilidad deficiente pueden acabar con una lucrativa ganancia inesperada en muy poco tiempo: de la pobreza (relativa) a la riqueza, y de nuevo a la pobreza. Veremos más avances, sanidad y plenitud cuando ministremos el espíritu, el alma, el cuerpo y las finanzas para transformar holísticamente los estilos de vida y las vidas.

Adquirir riqueza y aprender a administrarla es un principio del Reino de Dios. Debemos dejar que Dios cambie nuestra perspectiva sobre el principio de las riquezas del Reino antes de que Él pueda bendecirnos de la manera que Él desea.

Por lo tanto, gran parte de nuestro trabajo en los últimos años ha consistido en educarnos a nosotros mismos acerca de las finanzas y las riquezas y luego incorporar a las personas en nuestro negocio de entrenamiento y ayudarles a entender las finanzas y la riqueza también. Creemos que esto es clave para lo que Dios está haciendo en nuestro tiempo, bendiciendo masivamente a sus hijos e hijas para que podamos cumplir con la Gran Comisión. Él quiere bendecir a su pueblo, pero también quiere que tengamos la sabiduría y la mentalidad para poder manejar la bendición y multiplicarla en las vidas de los demás. Él quiere que construyamos la riqueza del Reino para llevar a cabo sus propósitos. Es una invitación para la cual su pueblo necesita prepararse y recibir.

Él ama cómo perseguimos las cosas sacerdotales. Ahora Él está levantando a muchos para que naveguen en las esferas de influencia y sociedades de reyes también.

LAS LLAVES DEL REINO

Antes de que Cuba se abriera, a nuestros hijos e hijas espirituales en Cuba, que son los líderes de nuestro ministerio, no se les permitía entrar en hoteles turísticos. Ni siquiera podían entrar por la puerta principal. Si queríamos comer con ellos, no podía ser en el restaurante del hotel. Tenían que esperarnos afuera.

Tras la muerte de Fidel, Raúl Castro cambió la ley para que los cubanos pudieran visitar los hoteles turísticos y alojarse en ellos. Volví a La Habana y traje a mi hijo espiritual, Josué, para que se quedara con nuestro equipo en el hotel. Era su primera experiencia en un hotel turístico, aunque había vivido en Cuba toda su vida. Cuando lo llevé al mostrador para registrarse, estaba muy nervioso. No estaba muy seguro de que le pareciera bien estar allí. Le di la llave de su habitación, una tarjeta de plástico, y nos dirigimos al ascensor. Le sugerí que nos reuniéramos en el restaurante para cenar a las 5.

Se bajó en su piso, y le señalé su habitación antes de que el ascensor me llevara a mi piso. Unos cinco minutos después oí que llamaban a mi puerta. Era Josué.

"Mamá, no sé usar esto", me dijo. Eso sí, Josué es muy listo.

"Ven conmigo", le contesté. "Te enseñaré a usar la llave, hijo".

Así que bajé con él a su habitación. "¿Ves esta tira metálica? Sólo tienes que deslizarlo a través de esta ranura y, zas, la pequeña luz se pone verde, la puerta se desbloquea y puedes abrirla".

Josué estaba asombrado. Pero sólo tuve que enseñárselo una vez. Una vez en la habitación del hotel, se quedó allí casi todo el tiempo. Quería disfrutar del aire acondicionado, la ducha y la televisión. La llave le daba acceso a todo lo que quería en esa habitación.

Todo el mundo tiene un cajón de las cosas viejas, esas que uno no sabe qué hacer con ellas. Bolígrafos, baratijas, llaves, todo lo que no va a parar a otro sitio acaba en ese cajón. En nuestros cajones tenemos llaves que probablemente sirvan para puertas de otras casas o candados de los que nadie se acuerda. Le pregunto a Ray: "Cariño, ¿sabes para qué sirve esta llave?". Y la mayoría de las veces responde: "No tengo ni idea". Las llaves se vuelven inútiles si no sabemos a qué pertenecen o dónde utilizarlas.

Muchos en la Iglesia parecen tener el mismo desafío. Saben que hay llaves del Reino, y saben que las llaves no son para colgarlas en la pared o guardarlas en un cajón. Esas llaves abren la autoridad para desatar y atar y para acceder a los recursos del Cielo. Pero no saben en qué puertas ponerlas o cómo usarlas. Y por cierto, esto es plural. Jesús dijo: "Os daré las llaves del Reino". Nosotros tenemos acceso a muchas llaves del Reino, no solo a una.

Si vamos a dar un paso en nuestro llamado como sacerdotes y reyes, tendremos que aprender para qué sirven las llaves del Reino y cómo usarlas.

Recientemente prediqué esto en una conferencia en Cuba a unas 175 mujeres y tomé llaves para dárselas a todas ellas para enfatizar el punto de que necesitamos saber cómo utilizar las llaves que hemos recibido. Y necesitamos saber que no cualquier llave encaja en cualquier puerta. Hay diferentes llaves que son creadas para diferentes propósitos. Dos de las más importantes son la llave del honor y la llave del favor. He aprendido por experiencia que si sabemos usar ambas llaves, se nos abrirán muchas oportunidades y bendiciones.

La llave del honor abre la puerta del favor. Cuando demuestras honor, ya sea a un líder gubernamental, a un mentor o maestro, o a cualquier otra persona, abres la puerta de su corazón. No lo haces por eso; honras a la gente por el honor mismo. Es parte del carácter del Reino de Dios. Cuando lo haces desde un corazón puro, la aceleración tiene lugar en tu vida y en todo lo que tocas.

Honrar a Leif como mi padre espiritual me ha abierto muchas oportunidades y me ha conectado con muchas personas a las que he podido servir y que eran importantes para mi destino y asignación para el Reino de Dios. Una vez más, no honré para obtener algo de Leif o de cualquier otra persona. Lo hice porque eso es lo que hace la gente que piensa en el Reino, no para conseguir algo, sino para dar. Dar honor y crear una cultura de honor en tu vida abrirá la puerta del favor. Desde que empecé a pensar en el Reino, y no sólo en la salvación, he sido testigo de esto más veces de las que puedo contar.

El favor también es una llave. Abre la puerta de nuestro destino. De esto trata mi segundo libro, Un viaje a tu identidad. Como hemos visto varias veces, el honor dado por José, Daniel y Ester a los gobernantes en sus vidas les dio favor y los llevó a situaciones y eventos que cambiaron la cultura y transformaron el Reino. José se convirtió en el vice-gobernante de una nación. Daniel cambió el corazón del rey y aseguró promociones para él y sus amigos y protección para su pueblo. Ester desenmascaró un complot contra su pueblo e hizo que el rey lo cambiara completamente a favor de los judíos. Todos ellos sabían cómo honrar sin gancho, y como resultado, se ganaron el corazón de las naciones y de los líderes culturales, y obtuvieron el favor. La llave del favor liberó el destino de ellos.

Hay muchas llaves del Reino, no sólo dos, pero estas son las que he visto abrir muchas puertas en mi vida una y otra vez. En Cuba, he ganado tremendo favor con los líderes gubernamentales. Como he honrado a Leif, que es conocido como el "embajador del amor" en Pakistán, he ganado mucho honor en esa nación.

Podemos ganar los corazones de reyes, gobernantes y faraones sin comprometer nuestros principios. Ester, José y Daniel lo hicieron, y transformaron algunas de las naciones más malvadas y duras del planeta.

He aprendido mucho sobre las llaves del Reino no sólo de Leif, sino también de Pat y Karen Schatzline, fundadores de Remnant Ministries y amigos y colegas míos. La historia de ellos habla poderosamente de este llamado como reyes y sacerdotes. Dejaré que Pat lo cuente con sus propias palabras:

> Durante muchos años, viajamos más de tres millones de millas a muchas naciones como líderes de Remnant Ministries, y vimos a más de dos millones de personas venir a Cristo. Pero con los años empezamos a sentir nuestros corazones removerse. Algo tenía que cambiar dentro de nosotros. Nos cansamos de que un honorario el domingo determinara nuestro sueño el lunes.
>
> Mientras estábamos en la playa en 2015, mientras nos preparábamos para hacer veintisiete conferencias en los próximos meses, Dios dijo: "Voy a cambiarte. Te voy a dar las llaves del Reino". Pensé en Mateo 16:19, donde Jesús promete las llaves del Reino a sus seguidores, y en Isaías 22:22, donde Dios promete la llave de David a su siervo, pero no sabía exactamente a qué se refería.

Me dijo: "Hijo, quiero liberar algo nuevo dentro de ti. Voy a darte la unción del sacerdote y del rey". Se nos dice en 1 Pedro 2:9 que somos un sacerdocio real, o, en la traducción original, un reino de sacerdotes. El comenzó a remover eso en mi corazón y dijo, "Tú vas a conseguir que mi ungido sea saludable y rico. Pero empecemos contigo primero".

Dios me dijo que recuperara mi salud. Encontré un plan de salud y perdí setenta y dos libras, y Karen perdió veinticuatro libras. Pero al poco tiempo decidimos que teníamos que devolver el favor.

Algo cambió en nosotros. Empezamos a darnos cuenta de que podíamos rescatar a la gente y estirar la línea de tiempo en su lápida.

Pero algo más también cambió dentro de nosotros. Empezamos a darnos cuenta de que teníamos la unción del CEO (Chief Executive Officer) Directores Ejecutivos para levantar y transformar vidas no sólo en el mundo de la Iglesia, sino también afuera en los ámbitos públicos. Empezamos a darnos cuenta de que podíamos despertar a la gente para que soñara.

Una cosa que Dios habló a nuestros corazones fue que Él no nos pidió que muriéramos por la Iglesia. Eso ya lo había hecho. Nos dijo que quería que liberásemos la unción y ministrásemos a la gente para despertar en ellos tanto al sacerdote como al rey y que camináramos junto a ellos. David es identificado como profeta y rey (ver Hechos 2:30), y Dios comenzó a despertar en nuestros corazones que es tiempo de que la gente entre en su destino como ambos. Nos mostró que está bien ser sacerdotes y reyes a la vez.

Eso no es lo que nos enseñaron cuando éramos pequeños. Tenía que ser una cosa o la otra, y si no tienes cuidado, eso puede conducir a un espíritu huérfano y a una mentalidad de pobreza. Pero Dios me mostró que está bien caminar en la bendición. Él se goza en nuestra prosperidad. Él nos da la habilidad de crear riqueza, y El empezó a despertar en mí lo que podíamos hacer por el Reino cuando rompiéramos esa mentalidad de pobreza y espíritu de orfandad.

Somos hijos del Rey, y el Reino es mucho más grande de lo que pensamos. Empezó a mostrarme que hay un momento en el que cambias tu destino y empiezas a pasar bendiciones generacionales a tus hijos. Dios promete bendecir a aquellos que caminan en justicia, y está bien vivir nuestros sueños y caminar en paz. Dios le habló a Karen un día y le dijo que su ajetreo no era un don espiritual. Tuvimos que darnos cuenta de que está bien volver a descansar y divertirse.

No tienes ni idea de lo que Dios tiene reservado para ti. Cuando empiezas a entrar en esa unción de sacerdote y rey, esa unción empresarial, y empiezas a darte cuenta de que Él puede usarte, Él te va a dar ideas, sueños y visiones.

He aprendido que la frustración y la agitación son la madre de la intercesión. Si Dios te frustra es porque te está incitando a levantarte y hacer algo diferente. Hay un momento en que te das cuenta de que quieres llegar al cielo sin nada más que hacer. Cuando entramos en esa unción sacerdotal y de realeza, los milagros comienzan a suceder.

La Biblia dice que la esperanza aplazada enferma el corazón, pero el anhelo cumplido es árbol de vida (véase Proverbios 13:12). Cuando quites la tapa que te pones a ti mismo y aprendes lo que el Padre tiene para ti, Él comenzará a liberarte y lanzarte al cumplimiento de las cosas que Él ha puesto en tu corazón. Desde que tomamos esa decisión, toda nuestra familia ha sido liberada en una unción diferente. Hemos sido lanzados en bienes raíces, política, y unciones de CEO (Director Ejecutivo) en el mundo empresarial. Nuestra historia cambió

cuando empezamos a darnos cuenta de que
Dios le dará a su pueblo las llaves del Reino
para desatar el destino de ellos.

RE-PRESENTAR A DIOS

El núcleo de nuestro llamado como sacerdotes es representar a Dios ante toda la humanidad. Eso es lo que hacen los sacerdotes. También están ante Dios para representar a los seres humanos y llevarle sus necesidades. Es una posición de mediación e intercesión que va en ambos sentidos.

Esto tiene enormes implicaciones también para nuestro llamado como reyes. De camino a Sri Lanka hace unos años, sabía que nuestra agenda estaría repleta nada más que aterrizáramos, así que me concentré en sentarme en clase ejecutiva durante el último tramo del viaje y dormir un poco durante las cuatro horas restantes.

En cuanto me subí al avión, me senté junto a la ventanilla en mi fila. Resultó que no iba a dormir nada. Pronto llegó un hombre, se sentó a mi lado y entabló una conversación.

"¿A qué se dedica?", me preguntó.

Hace tiempo que aprendí a no empezar diciendo que soy pastora, porque sé que eso puede acabar con una conversación.

Ni siquiera quería decirle que era cristiana por la reacción que se produce a veces, como ponerse los auriculares y desconectarse. Así que intenté un enfoque diferente.

"Trabajo para mi padre", le dije.

"¿En serio?"

"Sí, es increíble. Me encanta trabajar para Él. Es el mejor papá del mundo. Tan increíble". Y seguí presumiendo de Dios como mi Papá.

Durante las tres horas y media siguientes, descubrí que mi interlocutor era un banquero holandés que hacía negocios en Sri Lanka. Al final del viaje, me dijo: "Nunca he oído a nadie hablar de Dios como tú". Pensaba que con hacer el bien mientras estuviera en la tierra sería suficiente. Definitivamente le dejé mucho en qué pensar después de ese vuelo, y sabía que Dios enviaría al siguiente hijo o hija con mentalidad de Reino para que continuara donde yo lo dejé.

Me pregunto con qué frecuencia representamos realmente a Dios o mejor, lo re-presentamos como un Padre increíblemente bueno que realmente desea bendecirnos. No negaríamos las bendiciones a nuestros propios hijos, y no queremos darles cargas más pesadas de las que pueden soportar. Entonces, si Dios es un Padre increíblemente bueno, con deseos mucho mayores que incluso nuestras mejores intenciones para nuestros hijos, ¿no significa eso que Él quiere darnos de su abundancia y protegernos de la necesidad abrumadora?

Por supuesto que sí. Y eso es lo que tenemos que demostrar a la gente. Tenemos que presentarlo como el Padre extravagantemente generoso que es.

Yo no le hablo a la gente de que Dios los hará ricos. Pero sí les hablo de ganar riqueza y usarla para expandir el Reino de Dios y bendecir a su familia y a cualquier otra persona que Él quiera que bendigan. Este banquero holandés se quedó asombrado con ese concepto porque nunca había oído a un cristiano hablar de Dios como el dador de la riqueza que transforma la vida y expande el Reino, un hecho triste, pero no por ello menos cierto.

Yo hago lo mismo cuando me hago las uñas o hablo con un vecino. Empiezo a presumir de Dios, de mi padre, y al final de la conversación me piden que ore por ellos. Se abre una puerta en su corazón, por lo que es fácil orar y liberar el Reino sobre sus vidas. Es una imagen mucho más holística y alentadora de quién es Dios, y atrae a la gente a una relación con Él, mejor que la mayoría de los sermones.

He conocido a personas que crecieron en la Iglesia y que incluso estuvieron involucradas en el ministerio y descubrieron que Dios no es quien ellos pensaban que era. Él les fue presentado de una manera al principio de su vida, y fue necesaria una demostración completamente diferente de su bondad para descubrir quién es Él realmente. Un hijo de pastor que vino a nosotros en Teen Challenge me dijo después de unas semanas: "¡Nunca conocí a este Dios del que me estás enseñando!". Muchos cristianos podrían decir lo mismo.

Ese es el poder de re-presentarlo como Él es realmente: bueno, encantado con sus hijos y rebosante de generosidad.

UN SACERDOCIO CON REALEZA

Nuestro doble llamado de sacerdotes y reyes también requiere conexión. No es una aventura en solitario. Necesitamos socios estratégicos.

El trabajo en equipo es esencial en cualquier obra del Reino. Comienza con la familia y la comunidad: socios que unen sus brazos para lograr más cosas juntos que por separado. En nuestro negocio, buscamos entrenadores que sean relacionales, enseñables y hambrientos, porque ese es el tipo de personas que necesitamos para cumplir la misión. Sabemos que no todo el mundo es así, pero es lo que nos ayudará a cumplir nuestra misión.

Lo mismo ocurre en cualquier obra del Reino. Es vital vincularse con aquellos que pueden ayudarte a potenciar tus dones (y a quién puedes ayudar a potenciar los suyos) para lograr el máximo impacto.

La última vez que estuve en Cuba, sabía que predicaría en las iglesias. Eso forma parte de la misión. Pero mi objetivo principal era reunirme con personas que están posicionadas para ser cambiadores de cultura en los Montes de la sociedad. Está bien expandir el Reino de Dios por añadidura. Es aún mejor expandirlo mediante la multiplicación. Y para ello se necesitan socios estratégicos.

De hecho, ese ha sido un gran cambio en mi asignación en Cuba en los últimos años. Sigo predicando en iglesias y ayudando a plantar nuevas iglesias, en parte porque es importante, pero también por las relaciones que he construido allí. La gente se salva, y siempre es glorioso. Ver que alguien se salva y vuelve a casa viviendo de otra manera con su familia es maravilloso, y eso puede multiplicarse, aunque suele ser una multiplicación lenta.

Pero si puedo reunir a doscientos líderes del Reino de toda la isla en una sala y ayudar a movilizarlos, equiparlos y empoderarlos, y luego salen y se multiplican desde sus posiciones de liderazgo, eso es tomar ventaja. Cuando las personas no sólo entran en el Reino y lo descubren, sino que ya tienen una mentalidad de Reino, se inicia un poderoso proceso de multiplicación. Lo que más me interesa es llevar a la gente al Cielo, pero mi misión también incluye llevar el Cielo a la gente.

Eso es lo que hace Leif en Pakistán y en todo el mundo. Habla con grupos de pastores y líderes ministeriales, algo estratégicamente importante. Eso siempre formará parte de su misión. Pero cuando habla a los poderosos y bien posicionados líderes de las mezquitas y se gana sus corazones, de repente se convierte en un José hablando a miles de faraones. Eso es multiplicación acelerada.

Tenemos dos responsabilidades como promotores del Reino. Una es tocar a los mendigos en las esquinas y ministrar a la gente en los bancos de la iglesia, y la otra es ir tras los corazones de los reyes. La mayoría de los sacerdotes saben hacer lo primero y llevan años trabajando en ese frente. Pocos saben hacer lo segundo, lo que explica por qué no estamos cambiando culturas, entornos, negocios y naciones muy rápidamente.

Nos hemos reunido con otros sacerdotes. Pero, ¿y si tuviéramos conferencias con reyes? Eso amplía drásticamente nuestra influencia y nuestro alcance.

Estos son los componentes vitales de un llamado de sacerdote y rey.

Así es como funciona una nación santa y un sacerdocio de realeza. Entramos en un nuevo y mayor reino de influencia en:

- aprender a ser ministros de la riqueza y administradores de los recursos del Cielo

- crecer en nuestra comprensión de las llaves del Reino y aprender a usarlas como Dios quiere que se usen

- representando a Dios de forma veraz y hermosa como sacerdotes en casa en el mundo de los reyes

- y aprovechar las asociaciones estratégicas para hacer avanzar el Reino de Dios.

Es diferente de lo que siempre hemos hecho, y eso es bueno. Promete traer cosechas diferentes y mayores de frutos y bendiciones multiplicados.

6

EL NEGOCERIO QUE CAMBIA LA CULTURA

Cuando hablamos de la riqueza del Reino, es importante entender que no se trata de construir riqueza simplemente para ser rico o para construir tu propio "reino". Mucha gente piensa que cuando enseñamos la abundancia, en realidad estamos fomentando el exceso, el despilfarro y la extravagancia personal en cosas que realmente no importan. La implicación es que cualquiera que busque la abundancia está esencialmente persiguiendo el egoísmo.

La riqueza del Reino y la abundancia que Dios da a sus hijos son diferentes. Él quiere bendecirnos y quiere que disfrutemos de las bendiciones que nos da. No quiere que confiemos en las riquezas, sino que "nos da en abundancia todas las cosas para que las disfrutemos" (1 Timoteo 6:17). Pero lo que entendemos por riqueza y abundancia no se limita a disfrutar más de la vida. Está orientada al Reino. No quiero tener dinero por el dinero. Quiero ser capaz de financiar el ministerio, hacer avanzar el Evangelio, construir el Reino en las comunidades, y hacer crecer una herencia para pasarla a los demás. Todos esos son principios del Reino. De lo que se trata es de ser un canal de las bendiciones de Dios al mundo que nos rodea para su gloria. Cuanto más pueda confiarnos con sus recursos, más de ellos él nos dará.

Muchas personas malinterpretan el concepto de libertad financiera. La libertad financiera no consiste sólo en tener abundancia de riqueza. Se puede ser libre financieramente y no tener abundancia de riqueza. No se trata de la cantidad.

¿Cómo sabe alguien que tiene libertad financiera? ¿Cómo sabe que tiene dinero y que el dinero no lo tiene a él? ¿Cómo saben que están libres del dinero? Cuando pueden dar libremente y no a regañadientes. Cuando pueden ser obedientes a lo que Dios les dice que den y no tienen que cuestionarlo.

Cuanto más pueda dar Dios a través de ti, más te dará Él. Eso es, en última instancia, la libertad financiera.

Todo este viaje nos ha puesto a prueba de muchas maneras, y de maneras muy buenas, y nos ha abierto los ojos. Nos hemos dado cuenta de que nosotros y las personas con las que hemos unido nuestros brazos tenemos la misión de hacer llegar la palabra a los creyentes, y especialmente a los pastores y ministros. Muchos no saben o no creen que puedan ser pastores y profetas y prosperar, pastores ejecutivos y empresarios, misioneros y millonarios al mismo tiempo.

El concepto de "misionero y millonario" es ajeno a la mayoría de las personas en el Cuerpo de Cristo. Históricamente hemos tenido una mentalidad muy estrecha y limitada. Y si los pastores piensan así, ¿qué otra cosa podemos esperar que piense el rebaño?

Mientras pastoreaba en Ohio, pero antes de que nos involucráramos en nuestro negocio de entrenamiento de salud, hablé en un evento de mujeres en otra iglesia. El pastor me confió: "Tengo un par de millonarios que vienen a mi iglesia. ¿Qué debo hacer con ellos?"

Este no es un problema inusual. Cuando la gente de la iglesia se acerca a los millonarios, la tentación es amarlos con la agenda de ser bendecidos financieramente por ellos. Es un instinto natural, pero no es el honor del Reino. Necesitamos sentirnos cómodos viviendo entre sacerdotes *y reyes.*

Cuando fui por primera vez a Ohio como pastora, una de las primeras cosas que hice fue buscar al hombre más rico de la ciudad. Yo tenía la mentalidad de los Siete Montes: las personas que ocupan puestos de influencia en los Siete Montes de la sociedad son fundamentales para la dirección que toma la sociedad[1]. El hombre más rico de la ciudad resultó ser un increíble hombre de Dios. Llevaba mucho tiempo demostrando su interés por mejorar la ciudad con sus inversiones y contribuciones financieras.

Concerté una cita para ir a verle y Sonia me acompañó, ya que Ray estaba en el trabajo. La mesa de su sala de juntas era extremadamente larga, y las muchas sillas que la rodeaban parecían como si cada una hubiera costado mil dólares.

Me senté allí con él y me presenté como la nueva pastora de Family of Faith Community Church (Iglesia de la Comunidad Familia de

Fe), y hablamos un rato. Luego me preguntó: "¿Qué puedo hacer por usted?"

Esto fue en aquellos primeros días cuando nuestra más desesperada necesidad era un nuevo parqueo. Hubiera sido muy fácil pedirle que lo financiara o al menos que contribuyera a ello. También teníamos otras necesidades en las que seguramente podría habernos ayudado.

"En realidad no necesito nada", le dije. "Sólo quería venir a conocerle. Eres un hombre increíble. Me han hablado muy bien de usted". Había traído un par de libros para regalarle, entre ellos La Profecía de los Siete Montes de Johnny Enlow, así que se los ofrecí y no le pedí nada...".

"¿Puedo orar por ti?" Le pregunté.

"Por supuesto".

Así que oramos por él y nos fuimos.

Ya había pasado mis pruebas sobre finanzas, y conocía la importancia del honor. Al igual que José, Daniel y Ester, que honraban a los gobernantes a los que servían, yo quería amar y honrar a este "rey" de la ciudad sin esperar nada a cambio. Después, me reuní con él en un desayuno de oración por toda la ciudad y en otros eventos, siempre con un corazón de honor.

Al igual que mi amigo pastor que confesó no saber cómo tratar a los millonarios en su medio, la mayoría de las personas que sirven en una capacidad sacerdotal no saben qué hacer con los reyes. Nuestra prioridad con las personas, cualquier tipo de persona, debe ser siempre amarlas y ganarnos su corazón.

He hecho lo mismo en Cuba. Tenemos 350 iglesias en nuestra red, y nuestro liderazgo me preguntó qué quería hacer en uno de mis últimos viajes.

"Quiero reunirme con líderes claves", les dije, "los que influyen en los Montes y la Cultura". Estuve enseñando allí el tiempo suficiente para que supieran a qué me refería.

Eso es lo que hicimos. Me reuní con muchos líderes empresariales y gubernamentales, algunos de muy alto nivel. También pasé algún tiempo cambiando el pensamiento de nuestras congregaciones allí. Hace unos años, Kim Clement pronunció unas palabras sobre Cuba en las que predijo que se abriría, se cerraría de nuevo con más fuerza que nunca y volvería a abrirse. Fue muy específico sobre la secuencia de cómo sucederían las cosas, y lo que predijo se estaba desarrollando durante ese tiempo exactamente como lo había dicho. Llevo quince años aferrándome a esa palabra.

Le pregunté a los líderes de nuestra Iglesia si habían oído hablar de Kim Clement, algunos sí y otros no, y les conté en detalle sobre lo que había profetizado. Tuve que tener cuidado cómo decía las cosas allí, pero sabían de lo que estaba hablando cuando describía ciertos cambios en el liderazgo de la nación.

"En la palabra de Kim con respecto a un cambio importante, hemos sido testigos de eso. La nación se ha abierto y ustedes han sido capaces de tener sus propios negocios y ganar dinero para mantener a sus familias", dije. Los pastores de allí a menudo ganaban sólo 15 dólares al mes. "Algunos de ustedes les estaba yendo bien e incluso estaban comprando viviendas, y luego como Kim dijo, las cosas se cerraban de nuevo, más apretadas que nunca". Dos años antes, COVID había cerrado todo, de modo que casi nadie podía seguir con su negocio.

"Muchos de ustedes han perdido sus negocios en los últimos dos años. Pero Kim dijo que habría otro cambio, y después de eso Cuba se convertiría en una nación cristiana. En eso estamos ahora. Ahora va a ser diferente. No estarás simplemente reiniciando un negocio para ganar dinero. Estarás creando un "negocerio", un negocio que también funciona como un ministerio. Se llama ministerio en el mundo empresarial".

No hay una buena palabra para eso en español, así que lo deletreé un poco más. "Sus negocios serán empresas del Reino. Habrá personas que pasarán por las puertas de su negocio que nunca pasarían por las puertas de su Iglesia. Tu lugar de ministerio estará en ese negocio".

PENSAR COMO UN REY

Eso es lo que Ray y yo hemos desarrollado: un negocerio. Nuestra Iglesia (negocio), sólo nuestros entrenadores son más de 2.200, y ese número va en aumento. Hemos influido en más de 45.000 vidas. Muchos de nuestros entrenadores no son cristianos y provienen de un trasfondo completamente diferente, pero a medida que los entrenamos y ganamos sus corazones, aprenden de los caminos del Reino, porque así es como conducimos nuestro negocio. Nuestro objetivo no es evangelizar a nuestra comunidad de entrenadores, eso sería utilizar la empresa para algo que nunca se pretendió, pero de todos modos ocurre orgánicamente. Algunos se han convertido en cristianos, y los que ya eran creyentes han construido riquezas del Reino a través de ella y están experimentando el Reino en su salud, finanzas y relaciones. Es un negocio y un ministerio, un negocerio.

Uno de nuestros entrenadores mentores acuñó esa palabra en un libro que escribió[2]. La utilizamos para describir un negocio que también funciona como un ministerio porque no es un negocio sólo para ganar dinero sino también para hacer avanzar el Reino a través de todo lo que hace.

Si la gente entra por las puertas de un negocio y es impactada al encontrarse con el pueblo de Dios demostrando el carácter y los caminos de Dios, eso es un negocerio.

Si un negocio construye riquezas del reino que pueden ser impulsadas para financiar el ministerio y crear una bendición generacional, eso es un negocerio.

Si el motivo detrás de un negocio es bendecir a una comunidad y atraer a la gente a una relación con Dios, eso es un negocerio.

Puede adoptar cualquier forma, pero lo que la define como tal no es sólo el objetivo de obtener beneficios. Se trata de aprovechar ese beneficio estratégicamente, así como el carácter de la propia empresa, para los propósitos del Reino.

Hace poco, Ray y yo organizamos un retiro empresarial de tres días para los setenta y cinco mejores entrenadores de nuestra organización. No se trataba sólo de negocios, sino también de ministerio. Trajimos a Leif como orador principal. Al menos el 90% de los entrenadores que asistieron eran creyentes. El otro 10% se fue con una impresión de Dios que no tenían antes de asistir.

Uno incluso se me acercó la última noche en la cena de despedida y me preguntó, "¿Usted bautiza a la gente?"

"Sí", dije. "Muchos a lo largo de los años".

"¿Me bautizarías? Necesito arreglar mi vida con Dios".

Después de la cena, nos dirigimos a una piscina donde la bauticé a ella y a otra entrenadora que estaba lista para empezar su vida de nuevo con Dios. Una multitud de entrenadores se pararon alrededor y celebraron con ellos. Esto sí que es un negocio y un ministerio divertidos.

El hombre de negocios con mentalidad de Reino que mencioné antes usó su riqueza para construir puentes, hermosos edificios, y confortables y bonitas casas de retiro para bendecir la ciudad de Newark, Ohio. Comenzó cuando él y su esposa conducían hacia Newark desde Columbus un día y ella dijo: "Entrar en Newark no es muy... bonito".

Ese pensamiento le pilló por sorpresa. Se dio cuenta de que la ciudad no reflejaba el Reino de Dios. Así que en lugar de quejarse y agitarse para que los líderes políticos arreglaran las cosas, comenzaron el cambio ellos mismos. Tenían la riqueza para hacerlo. Ellos eran reyes que sabían cómo utilizar los recursos que tenían para demostrar el cuidado de Dios por las comunidades.

Una de nuestras frases favoritas en nuestra comunidad de entrenadores de salud es: "El dinero en manos de buenas personas hará grandes cosas". ¡Y así es!

Los sacerdotes no suelen pensar así, sobre todo porque no disponen de fondos. Hay muchos sacerdotes que viven sueldo en sueldo. Muchos ministros han optado por lo de la Seguridad Social y tienen menos de 1.000 dólares en sus cuentas bancarias. Conozco a un pastor que vendía plasma sanguíneo un par de veces por semana para llegar a fin de mes para él y su familia. Todavía tiene cicatrices en los brazos como un drogadicto. Ahora también tiene un próspero negocio como entrenador de salud, ya no vive de cheque en cheque y ya no vende su plasma. ¡Los reyes tienen los fondos para conseguir muchas cosas!

Pero, ¿por qué no podemos encarnar ambas identidades? Si Jesús es nuestro ejemplo como Hijo de Dios, sanador, maestro, evangelizador y pastor, ¿por qué no también como rey-sacerdote? En lugar de pasarnos todo el tiempo pidiendo a Dios que transforme nuestra ciudad, no es una mala oración, desde luego, quizá deberíamos plantearnos si Dios nos está diciendo que la transformemos. ¿Por qué no aprendemos a cambiar nuestra mentalidad y nos dedicamos a empresas que lo hagan? Las oportunidades son ilimitadas. Todos los sectores de la sociedad y sus mercados necesitan un toque y una transformación de Dios.

Me gusta cómo lo expresa Leif. Durante años ha dicho que la iglesia grita: "¡Ven, Jesús, ven!". Pero Jesús está diciendo: "¡Ve, iglesia, ve! Yo iré cuando tú vayas". Tal vez nuestra oración no debería ser para que Dios transforme la cultura, sino que levantes transformadores de la cultura, y que nos demos cuenta de que somos parte de la respuesta a esa oración.

Esto ocurre en todo el mundo. Paul Yadao y su familia de creyentes en las Filipinas están cambiando culturas allí porque empezaron a vivir como reyes y no sólo como sacerdotes. La ciudad de Redding, California, ha sido significativamente impactada porque la gente en Bethel no solo permaneció como sacerdotes, sino que se convirtieron en reyes. Compraron el centro cívico y asumieron esa responsabilidad porque no querían que la ciudad lo cerrara y perdiera la bendición que podría traer. Eso es pensamiento de realeza.

Mark Walker, propietario de un negocio en la Costa Oeste, sintió el llamado de Dios a los 20 años para convertirse en un generoso dador en la obra del Reino. En aquel momento no tenía un negocio, ni siquiera una idea o dinero para ponerlo en marcha, pero sabía que Dios había plantado este llamado en su corazón. Dios le dio no sólo una idea, sino también los recursos para comenzar su negocio, y con el tiempo, mientras él y su esposa daban sacrificialmente a la obra de Dios dondequiera que se sentían guiados a hacerlo, el negocio creció, de una tienda de muebles a dos más y, finalmente, a toda una cadena dirigida por los principios del Reino. El negocio no sólo generaba dinero, sino que se convirtió en un ministerio para los clientes, los empleados y las comunidades en las que operaba.

En veinte años, este negocio de muebles pasó de ser sólo una idea a una operación multimillonaria que, según Mark, "superó con creces nuestras capacidades y habilidades". Ahora, con más de cuarenta años, tiene unas ventas anuales de más de sesenta millones de dólares. A cada paso del camino, Dios reveló lo fiel que es para cumplir sus promesas. Mark y su familia han actuado como sacerdotes y reyes. Puede que no lo dijeran en ese lenguaje desde el principio, pero esos son los papeles que han asumido, y han tenido un enorme impacto dirigiendo su negocio como un negocerio.

David Green también ha dirigido su negocio de esa manera, y con un enorme impacto. Era uno de los seis hijos de su familia, y su padre era pastor de pequeñas iglesias, por lo que nunca tuvieron mucho dinero. Cuando todos los hermanos de David se dedicaron a algún tipo de ministerio como pastores o esposas de pastores, él pensó que era la oveja negra de la familia por dedicarse a otra cosa. Pero David fundó una empresa que tenía el corazón de un ministerio, no sólo por satisfacer las necesidades de clientes y consumidores sino también en el buen trato a los empleados. Decidió desde el principio construir el negocio sobre principios bíblicos. Empezó con 600 dólares, y aunque el negocio estuvo a punto de quebrar a mediados de los 80, finalmente se recuperó y prosperó. Hobby Lobby tiene ahora más de 700 tiendas, 35.000 empleados y 4.000 millones de dólares en ventas.

La identidad de Hobby Lobby como negocerio fue prominente especialmente en su caso contra el Gobierno, que llegó hasta el Tribunal Supremo. La Compañía se enfrentaba a posibles multas de más de un millón de dólares al día si no proporcionaba recetas para inducir el aborto en virtud de la Ley de Asistencia Asequible (Affordable Care Act.) Eso iba en contra de los valores de Green y los de la empresa que había establecido. Experimentaron numerosos obstáculos y contratiempos, pero se mantuvieron firmes. La decisión del Tribunal Supremo no solo reivindicó a Hobby Lobby, sino que también sentó un precedente que permite a las empresas de todo el país a no comprometer sus valores y a la vez tratar bien a sus empleados y con honor.

Estos principios y valores son altamente transferibles. Es bueno aspirar a funcionar como reyes, establecer empresas y hacer crecer la riqueza del Reino en nuestras propias vidas, pero también hay una oportunidad mayor. Es hora de que el pueblo de Dios entrene a otros a pensar y vivir de esta manera. Cuando pastoreaba en Ohio, hacía que otras personas de nuestro personal predicaran, incluso cuando yo no estaba fuera de la ciudad. Me sentaba en la primera fila y los animaba. Cuando ministro en Cuba, quiero inculcar el pensamiento del Reino e impartir los caminos del Reino a nuestros pastores y líderes allí en lugar de simplemente llegar y liderarles. No sirve de nada entrenar a la gente a hacer las cosas si nunca les permitimos hacerlas. Todo el Cuerpo de Cristo necesita entrenamiento en el pensamiento del Reino y vivir como sacerdotes y reyes en cada Monte de la sociedad.

UNA MENTALIDAD MULTI-MONTE

Les dije a los líderes de nuestra iglesia en Cuba que necesitaban seguir orando para que los líderes del gobierno de la nación vinieran a Cristo. Esa era una parte importante de su ministerio. ¿Pero qué tal si Dios estaba abriendo puertas al monte del gobierno o a al monte de la economía para ellos? ¿Y si sabían cómo atravesar esa puerta sin enloquecer porque no estaban de acuerdo con los líderes del gobierno, sino llevando el Reino con ellos? Muchos de ellos pensaban que no estaban preparados para ello. Así que impartí algunas enseñanzas sobre este llamado:

Los reyes cambian culturas, los sacerdotes no.

Los reyes tienen las llaves para abrir las puertas; los sacerdotes, no. Las llaves pertenecen al Reino.

Los sacerdotes van a los reyes por una limosna, pero los reyes van a los sacerdotes por una bendición.

Los sacerdotes interceden. Los reyes van a la guerra.

Los sacerdotes oran. Los reyes hacen decretos.

Los reyes no se juntan con los sacerdotes. Se juntan con otros reyes.

Los reyes, no los sacerdotes, están en la cima de los montes, las sociedades, y esferas de influencia.

Los reyes tienen joyas en sus coronas (la mente). Los sacerdotes tienen joyas en el pecho (el corazón). Estamos llamados a activar no sólo nuestros corazones como sacerdotes, sino también nuestras mentes como reyes. Es hora de que los hijos e hijas de Dios no sólo sientan el corazón de Jesús por las personas, las sociedades y las naciones, sino que piensen con la sabiduría del Reino como lo hace Jesús y tengan un impacto en la vida de las personas.

A través del profeta Samuel, Dios envió a un rey, Saúl, a conquistar la "colina de Dios" donde estaban los filisteos, el enemigo, (1 Samuel 10). Envió a un rey, no a un sacerdote. Los reyes son los que conquistan montes para Dios.

Hay una razón por la que Jesús le dijo a Pablo que proclamaría su nombre a judíos, gentiles y reyes (ver Hechos 9:15). Este ámbito de influencia es muy importante para Dios. Invierto mi tiempo en cambiar la mentalidad de la gente porque los sacerdotes necesitan aprender a ser reyes y a desenvolverse en el mundo empresarial. Ahí es donde viven los agentes de cambio de la sociedad. Los niños juegan al "rey del Monte", no al "sacerdote del Monte", porque entienden fácilmente la influencia de la posición. De ahí vienen los cambios culturales. Como reyes, cambiamos la cultura de las sociedades y transformamos las naciones.

Nadie lo ilustra mejor que mi amigo Michael Mauldin, ministro, productor de cine y conferencista motivacional. Michael y su esposa son la fuerza impulsora de la adoración Upper Room y del movimiento de oración y de la película Superspreader sobre Sean Feucht y sus eventos de adoración. Como rey y sacerdote, ha demostrado cómo es influir en el mundo con la excelencia de los reyes.

> Cuando somos niños, soñamos con lo que queremos ser de mayores: jugadores de fútbol, abogados, futbolistas, abogados, médicos, príncipes y princesas, madres y padres... nos encanta imaginar un futuro hermoso. Mi sueño de niño, no te rías, era pertenecer a la mafia.

Crecí en un hogar roto y no tenía ninguna experiencia en la iglesia. Fui "discipulado" por gente como Al Pacino, Martin Scorsese, N.W.A. y Snoop Dogg, cineastas y raperos que me dieron una visión del mundo que se parecía a la gente que estaban dispuestos a dar su vida por los demás.

Al menos tenían un código de honor. Nunca delatarían a sus amigos. Con el tiempo me di cuenta de que anhelaba un amor incondicional, y la única versión que veía de el era en estas películas y producciones mediáticas.

Cuando me salvé, me di cuenta de lo que era el verdadero amor incondicional. Jesús dijo que no hay amor más grande que dar la vida por tus amigos (ver Juan 15:13). Dios puso esta verdad en mi corazón, pero sólo la comprendí a través de Cristo. Había visto una versión pervertida de ella en películas y música. Por eso, cuando me salvé, tenía un fuerte deseo de transformar la cultura a través de las artes y los medios de comunicación, porque sabía que se nos habían confiado las mejores historias que el mundo ha conocido jamás, las historias que contienen las claves de la vida y el florecimiento humano. Pero no había visto los modelos adecuados que contaran estas historias de una manera fresca y relevante para que la próxima generación pudiera contemplar la belleza, la naturaleza y el corazón de Jesús.

Ese sueño quedó en suspenso, ya que me casé y acabé haciendo misiones en Oriente Medio. Cuando finalmente regresé a Dallas, mi esposa y yo ayudamos a plantar una iglesia llamada The Upper Room, construimos los cimientos de Adoración Upper Room y me convertí en un pastor ejecutivo de unos siete años. Estábamos viendo avivamiento, múltiples plantaciones de iglesias, y los jóvenes que venían a Cristo en gran número para ser bautizados, liberados y sanados. Sin embargo, yo seguía viendo que la cultura que nos rodeaba se inclinaba hacia abajo.

Pasamos por una temporada muy dura en 2017. Acababa de salir del campo misionero en el norte de Irak, y mi hermano se suicidó. Luego tuve que lidiar con un ministro de la juventud que murió de cáncer, la muerte de mi abuela, y la muerte de otro amigo de un ataque al corazón una semana más tarde. También luché con una traición durante esa temporada, por lo que fue una época muy difícil.

Me retiré para pasar algún tiempo con el Señor y le hice una pregunta que animaría a todo el mundo a hacerle: ¿Qué gran cosa quieres lograr a través de mi vida? Ya conocía mi identidad, quién era en Cristo, y comprendí que la vida se trataba de intimidad con Jesús, de ser uno con Él. Pero Jesús también tenía la misión de buscar y salvar lo que se había perdido, de destruir las obras del diablo, de llegar al mundo empezando por Judea, luego Samaria y después hasta los confines de la tierra. Así que le pregunté: ¿Qué quieres hacer a través de mí?

"Quiero que la gente vea el corazón de Mi Hijo," dijo. Y mientras escribía esto, escribí "VER" en letras grandes. También sentí como si Él quisiera que sus historias fueran contadas en la tierra. Y tercero, que Él quiere que sus hijos e hijas posean las puertas del enemigo. Esta fue una de las promesas dadas a Abraham, el padre de nuestra fe, así que, si esta es su promesa, también es la nuestra.

Cuando pensé en "las puertas del enemigo", lo que me vino a la mente fue el complejo de los medios de entretenimiento, esa puerta que me había influenciado y discipulado cuando era niño. Los sueños que Dios había puesto en mi corazón a una edad temprana se estaban despertando de nuevo. Me sentí llamado a dar un paso en la fe, lejos del "ministerio" (tal como lo entendemos tradicionalmente), y a contar las historias de Dios, concretamente a través del cine. Pero sabía que para influir e impactar de verdad en nuestra cultura, tenía que ser capaz de contar las historias de Dios de una manera excelente. Las películas que creara tenían que estar a la altura, o incluso por encima, de las creadas por Hollywood, donde el tono y el tenor estaban fijados por lo que hemos digerido como cultura. Así que la primera película que hice fue Superspreader (Superdifusor), sobre el movimiento Let Us Worship.

La Biblia dice que un hombre excelente en su oficio estará delante (o con) los reyes (véase Proverbios 22:29). Así que para ser un rey o estar con reyes, tienes que ser excelente en tu oficio. En lo que sea que Dios te ha llamado a hacer, tiene que ser a un nivel que sea reconocido en la cima de la economía, gobierno, educación, etc. Si queremos ser influyentes y formadores de cultura en el mundo que nos rodea, tenemos que ser tan excelentes en lo que hacemos que el mundo se dé cuenta.

Dios ha infundido su creatividad en todos sus hijos para que todo lo que creemos influya en el mundo. Hace poco estuve con un hombre de negocios que me habló de un fabricante de instrumentos. Este hombre me contó que entró en el taller del artesano y se echó a llorar. El trabajo era tan bello y logrado, y el sacrificio que se había invertido en él era abrumador. Y en la economía de Dios, el fuego cae sobre el sacrificio. Así que cuando este hombre de negocios vio el sacrificio de este hombre y la calidad de su trabajo, no pudo evitar llorar.

Ese es un profundo ejemplo para todos nosotros y para donde quiera que estés en este momento de tu vida: que todo lo que Dios quiera lograr a través de ti, lo hagas con excelencia y puedas estar entre reyes, tener influencia y moldear nuestra cultura para su Reino, revelando su corazón a una generación.

Creo sinceramente que el próximo gran movimiento de Dios tendrá lugar en el ámbito empresarial. Jesús no fue a los sacerdotes para cambiar el mundo hace 2.000 años. Fue al ámbito económico. Él sabía que podía impactar al mundo con el mensaje de salvación y amor con los empresarios. Por favor, escuchen mi corazón. Me encanta la Iglesia. Pero si pudiéramos transformar ciudades y naciones totalmente a través de la iglesia, ya lo habríamos hecho. Pero no es así. Dios está levantando empresarios de nuevo en nuestro tiempo, ministros del ámbito de los negocios que están impactando vidas y transformando culturas para cambiar el mundo. Los empresarios saben cómo trabajar en red. La mayoría de los pastores no. La mentalidad de la mayoría de los pastores es: *tú haz lo tuyo; nosotros haremos lo nuestro. Tú adoras a tu manera; nosotros adoraremos a la nuestra.* Entonces nos preguntamos por qué no estamos transformando comunidades.

Hubo un tiempo en que Ray y yo no sabíamos cómo sentarnos en una sala de millonarios y estar cómodos. No habríamos tenido ninguna influencia allí porque no sabíamos cómo funcionar en ese entorno, con reyes. Ahora sí sabemos. Y Dios quiere levantar a muchos más que sepan quienes son y puedan funcionar como sacerdotes y reyes.

He servido en el Monte de la Religión durante la mayor parte de mi vida, pero también he aprendido a poner los pies en otros Montes. Entré en el Monte del gobierno como capellán de las fuerzas del orden. De hecho, me dieron una llave del edificio principal del gobierno en nuestro condado el día después de que había predicado en nuestra Iglesia sobre la utilización de las llaves del Reino, y ¡lo tomé como una declaración profética de recibir la llave del monte del gobierno!, y ahora estoy firmemente plantada en el Monte de los negocios también. Debemos tener nuestros pies en los Montes de los reyes y aprender a navegar por ellos sin caernos.

Tenemos muchos sacerdotes en nuestra organización de entrenamiento que todavía se preguntan: *¿Dios quiere realmente bendecirme?* Todavía les cuesta verse ganando dinero. No he tenido ese problema desde hace muchos años, pero muchos cristianos y ministros lo tienen.

Eso es porque la Iglesia se ha especializado durante mucho tiempo en los montes de la religión y la familia. Pero Dios está equipando a su pueblo para atravesar las puertas de los Montes del gobierno, la economía, los medios de comunicación, la educación y el entretenimiento, llevando el Reino con ellos. Esto es lo que cambia a las naciones y a lo que animé a nuestros líderes en Cuba a empezar a activar. Ha llegado el momento de que ésta, y muchas otras naciones, se conviertan en una nación cristiana, y la única manera de que eso suceda es que el pueblo de Dios aparezca en esos Montes con una comprensión de cómo funcionar allí como sacerdotes y reyes. Cuando eso suceda, las culturas serán transformadas.

GANAR EL CORAZÓN ANTES QUE LA MENTE

Hemos tenido que enseñar a algunos de los entrenadores de nuestra organización a no utilizar el "cristianismo" en sus relaciones de negocio. No es que queramos que oculten su fe, en absoluto. Pero el lenguaje que utilizamos en un entorno empresarial puede resultar alienante para mucha gente, y eso corta la oportunidad de seguir relacionándonos con ellos de forma eficaz. Queremos mantener una relación abierta.

Tenemos entrenadores que tienden a incluir sermones en sus historias. Fomentamos las historias: todos los líderes que dan charlas o entrenamientos son invitados a compartir su historia sobre cómo se iniciaron en el negocio. Mi historia es la de Dios hablándome camino a Pakistán sobre cómo cuidar mi salud para poder terminar bien, y cómo mi respuesta fue: "No sé qué hacer porque no conozco ninguna dieta que le haya funcionado a alguien". Pero enfatizo mi comprensión de que esto no era una dieta, no la parte de que Dios hablaba. Simplemente fue así como me llegó.

Pero algunos de nuestros entrenadores no se dan cuenta de que están predicando a un grupo muy diverso con una gran variedad de trasfondos religiosos y diferentes estilos de vida, muchos de los cuales no quieren tener nada que ver con Dios. Predicar y hablar en cristiano no son las llaves que abren las puertas del corazón de la gente. Con ese enfoque, en general estamos tratando de abrir sus mentes y hacer que la gente piense como nosotros. Jesús no buscaba la mente de la gente. Él fue tras sus corazones, y al ganar sus corazones, pudo cambiar su forma de pensar.

Cuando adoptamos un enfoque diferente y nos ganamos el corazón de la gente, nos escuchan. No tienen por qué hacerlo, y no lo forzamos, pero las puertas tienden a abrirse. Si se trata de un negocio del Reino, no sólo de un medio para ganar dinero, se eliminan algunas de esas barreras. Encontramos gente que entra en nuestro negocio que nunca entraría en una iglesia, y vienen a Cristo.

Un ejemplo es una joven pareja que entró en el programa y juntos perdieron más de 270 libras. Su salud, incluido su peso, experimentó una transformación fenomenal. Se convirtieron en entrenadores. Los entrenadores de los niveles intermedios entre nosotros y ellos son increíbles, firmes creyentes, pero esta pareja dijo muy claramente que no quería oír nada sobre religión de ninguno de nosotros.

Así que sólo decidimos amarles. No hablamos de "religión"; yo nunca hablo en esos términos, porque Dios equivalía a religión en sus mentes. Nos limitamos a amarlos como seres humanos, sin ningún plan ni expectativas. Tal vez nos íbamos a ganar sus corazones, o tal vez iban a seguir alejados de nuestra fe. Pero queríamos amarles y honrarles a pesar de todo.

Al cabo de un año, ganaron un viaje de incentivo con nosotros a Cabo San Lucas. Sentí que Dios me hablaba para que les llevara una copia de mis dos primeros libros, Una vida cristiana sin Dios como Padre y Un viaje a tu identidad, un devocional de treinta días. También les llevé un libro de Robert Kiyosaki. La primera mañana que estuvimos allí, nos sentamos con ellos a desayunar y, a los cuarenta y cinco minutos, tomé la bolsa de regalo con los libros y se la di. Primero sacaron el libro de Kiyosaki y nos dieron las gracias. Luego vieron los dos libros siguientes y se dieron cuenta de que eran míos.

"Escucha", le dije, "si no los quieres, tíralos a la basura. No me ofenderé".

"No, nunca tiraríamos nada de lo que nos dieras", dijeron. Nos habíamos ganado sus corazones.

Iniciamos una conversación con ellos sobre sus antecedentes.

Queríamos escuchar sus historias, y quedó claro que nunca habían tenido una buena representación de Dios en sus vidas como figura paterna. No paraban de hablar negativamente de la religión.

"¿Te gusta que la gente llame dieta a nuestro programa?". Pregunté.

"No, claro que no. No es una dieta". Siempre evitamos esa palabra porque nuestro programa se describe mejor como un programa de salud transformacional con un componente de pérdida de peso. Algunas personas se someten a el por razones totalmente distintas a la pérdida de peso.

"Bueno, a Dios no le gusta la religión más de lo que a ti te gusta entrenar a un cliente que piensa que es una dieta", le dije. "Él no quiere hacer religión contigo. Quiere una relación contigo".

Fue como si se les encendiera una bombilla, y empezamos a explicarles que Dios se deleitaba en ellos como en un hijo y una hija y los había creado para que pasaran tiempo con Él, que los amaba como un padre. "Padre" es su nombre favorito", les dije.

Pasamos un par de horas hablando con ellos. El domingo siguiente íbamos a salir de excursión en velero con otros entrenadores. Volvimos a desayunar con esta pareja antes de la excursión, hablando un poco más con ellos, conociéndoles, amándoles y haciendo vida juntos. Luego tuvimos que ir a nuestras habitaciones a ponernos los trajes de baño para poder ir a la excursión en barco.

Mientras esperábamos en el autobús de enlace, nos dimos cuenta de que otra pareja que debía estar en nuestro grupo aún no había aparecido. Eran pastores de California y entrenadores de nuestra organización. Ray les envió un mensaje de texto para saber qué les pasaba y comunicarles que el autobús estaba esperando.

"Ahora mismo vamos", le contestaron. "¡Acabamos de llevar a Lyndsey y Travis al Señor en la piscina!". Ellos no tenían ni idea de lo que había estado pasando el último año y medio con esta pareja, pero estaban allí en el momento adecuado. Llamaron a otros dos pastores para que se hicieran cargo y salieron de la piscina para la excursión.

Me puse en una videollamada con Lyndsey después de llegar a casa de nuestro viaje y le pregunté qué pasó, y ella me dijo cómo habían aceptado a Jesús. Quería saber qué debían hacer ahora. Le pregunté si tenían una Biblia, y no la tenían, así que le dije que les enviaría una.

Un par de semanas más tarde, estábamos en otra llamada. Me dijo que la Biblia estaba en su mesita de noche. "¿Qué hacemos con ella?"

"Abre el libro de Juan y el de los Salmos", le expliqué cómo encontrarlos, "y lee un capítulo de cada uno de ellos cada día.

 Pero antes de leer, pídele a Dios que te muestre a ti como su hijo y su hija y a Él como tu Papá".

Alrededor de dos semanas después, habían acabado con el libro de Juan y querían saber qué hacer a continuación. Los envié a Hechos y les dije que hicieran lo mismo. Un par de meses después nos preguntaron si podíamos ayudarles a encontrar una iglesia. Probablemente nunca habían estado en una que no fuera para una boda o un funeral, sin embargo, habían entrado por las puertas abiertas de nuestro negocio, y desde allí eventualmente encontraron su camino en un cuerpo de creyentes. Fue un cambio dramático, y sucedió a través de nuestro negocerio porque nos centramos en sus corazones y la relación antes de tratar de hablar con ellos acerca de lo que creíamos.

En nuestro grupo hay muchos entrenadores ateos, agnósticos o de otras religiones, que a menudo llevan estilos de vida que no reflejan una apertura al mensaje del Reino. Estoy segura de que muchos ven a Dios a través de los lentes de cómo percibían a sus padres y madres, y no siempre es una buena impresión.

Así es como yo también vi a Dios durante muchos años. Pensaba que Él no tenía tiempo para mí. Si necesitaba algo, acudía a mi hermano, Jesús, y dejaba que Él se acercara al Padre por mí. Trabajamos con muchas personas que tienen una visión torcida o descolorida de Dios o que no ven cómo Él encaja en sus vidas.

Me encanta ganar los corazones de la gente y darles lentes del Reino para que puedan ver como ve Jesús, con ojos del Reino. Los cristianos oramos a menudo: "Jesús, dame tu corazón para mi ciudad, para esto y lo otro" y así sucesivamente, pero también deberíamos orar para que Jesús nos dé sus ojos y podamos ver nuestras ciudades y a las personas de nuestras vidas como Él las ve.

No tenemos por costumbre hablar de Dios o del cristianismo con la mayoría de nuestros clientes y entrenadores, aunque conocen nuestra historia. La mayoría han llegado a conocerme a través de reuniones, conferencias y llamadas de Zoom, y algunos de ellos escuchan ahora mi podcast. "No sabíamos que íbamos a ir a la iglesia", me han dicho. Y no lo sabían. Pero nos hemos ganado sus corazones y ahora nos escuchan. Nos han acogido en sus vidas, y nuestra responsabilidad es amarles.

Jesús dijo que la gente sabría que somos suyos porque amamos (véase Juan 13:35). ¿Qué pasaría si todas las iglesias de Estados Unidos, o mejor aún, del mundo, dejaran todo lo que están haciendo y tomaran un curso de cuatro semanas sobre cómo amar a la gente? Tengo la fuerte sensación de que nuestras iglesias, comunidades, ciudades y naciones serían muy diferentes.

También funciona a la inversa. Durante un año y medio, cuando empezamos con nuestro negocio, nunca utilicé la plataforma de nuestra iglesia para predicar o promocionar nuestro programa. Ellos veían la evidencia, yo me derretía perdiendo peso, pero nunca hablé de ello desde la plataforma hasta mi último mensaje allí, antes de trasladarnos a Nashville, cuando prediqué sobre "El poder de la decisión". Así que, del mismo modo que nunca utilicé el púlpito para vender el negocio, tampoco utilizo el negocio para predicar el Evangelio. No tengo que hacerlo. Cuando vives el Reino delante de la gente, se sienten atraídos por el sin que tengas que venderlo.

Leif es genial en esto. Cuando va a Pakistán, la gente le llama el embajador del amor. Siempre ha ido con el amor por delante, y ganar los corazones le ha abierto las puertas para hablar a las mentes.

Siempre se trata de eso: de ganar el corazón antes de ir por la mente: el enfoque de José, Daniel, Ester y Nehemías. Influyeron en las mentes, pero no hasta que capturaron los corazones. Sólo entonces pudieron cambiar la forma de pensar de sus gobernantes. Y sólo así podemos entrar y transformar culturas y completar la Gran Comisión.

7

EL RITMO Y LA RESPONSABILIDAD DEL NEGOCERIO

Nos reunimos con Leif un par de años después de aquella conversación, cuando me instó a hacer borrón y cuenta nueva y reajustar mis prioridades. Había renunciado a mi capellanía y a algunos de los eventos para mujeres que organizaba para poder centrarme más en mis principales áreas de ministerio y en el "platillo de la taza de té" de nuestro negocio de entrenamiento de salud que estaba creciendo paralelamente. Había aprendido a qué decir que no, ya fuera por una temporada o quizás para siempre, con el fin de fortalecer mi sí en las áreas en las que Dios me estaba destacando y crecer en la unción de realeza.

Para entonces, aquel platillo de taza de té se había convertido en un gran plato que servía a miles de personas. Dios nos había concedido una gracia extraordinaria durante los años de COVID, y el negocio había crecido más de un 200%. Me encontraba de nuevo en un punto en el que necesitaba consejo sobre cómo manejar las diferentes demandas.

"¿Cómo se equilibra el ministerio y el negocio?", le pregunté.

"No se hace", me dijo Leif. "Aprendes el ritmo".

Es un concepto poderoso. Nunca me lo había planteado.

La mayoría de las personas de la Biblia que llevaron el Reino de Dios y cambiaron el mundo, incluido Jesús, no eran sacerdotes de profesión. Algunos lo eran, pero la mayoría procedían del ámbito de los negocios. Abraham y la familia patriarcal; los reyes más grandes de Israel; los profetas que provenían de una variedad de profesiones y hablaron el mensaje de Dios a los sacerdotes y reyes; incluso el apóstol Pablo, que tenía formación religiosa, pero una profesión de fabricación de tiendas, todos ellos conocían los caminos del mundo económico.

Eso nos dice mucho. Este es el cambio que debe producirse en la Iglesia. Jesús fue a un grupo de hombres que pescaban, cobraban impuestos, se sumergían en la política y más. Pablo tomó a Aquila y Priscila, una pareja que se dedicaba a los negocios, y los usó grandemente como sacerdotes y reyes para expandir el Reino de Dios. Todos ellos conocían el poder del dinero para bien y para mal, y entendían el lado de realeza del liderazgo. No eran sacerdotes que tenían que aprender a gobernar; eran hombres de negocios que tenían que aprender el ministerio. Vieron a Jesús hacer todos sus milagros y ministrar un entendimiento sacerdotal en sus mentes mundanas.

Conseguir ese ritmo entre sacerdote y rey ha sido una de las cosas que más me ha costado aprender. Venía de años de experiencia sacerdotal: el ministerio. Ahora había sido conducida poderosamente a una actividad de realeza: los negocios. Hacía tiempo que sabía predicar, evangelizar, orar, profetizar y pastorear. Ese es el corazón de lo que hacemos. Pero el rey es la mente. He tenido que ser muy intencional, no para equilibrarlas como dos cosas diferentes, sino para entender el ritmo entre ellas como componentes integrados de mi vida.

Hay que esforzarse mucho para intentar equilibrar estos dos aspectos de nuestro llamado. Si transformamos culturas situándonos en las cimas de los montes, y queremos cambiar la tendencia de que los sacerdotes se reúnen principalmente con sacerdotes mientras los reyes se reúnen con reyes, debemos encontrar el ritmo. Equilibrarlos o hacer malabarismos con ellos sería como subir corriendo a un monte para tener influencia allí, y luego bajar corriendo y subir al otro para tener influencia allá. Es intentar tener un pie en cada uno y, por tanto, no tener influencia significativa en ninguno. Eso es agotador.

Pero el ritmo de apoyarse en uno y luego en el otro, y a veces reconocer que estamos en los dos al mismo tiempo, es otra historia. Requiere mucho menos esfuerzo seguir la corriente o el ritmo de estar presente en cada uno o en ambos según lo requiera la situación.

El equilibrio es como intentar hacer malabarismos con platos mientras se está sobre un solo pie. No me gustan las acrobacias, así que fue un alivio para mí saber que no necesitaba equilibrar el ministerio y los negocios. Pero soy percusionista desde los 12 años, así que entiendo el ritmo. Conocía a Leif lo suficiente como para saber lo que intentaba comunicar. Necesitaba apoyarme en el Cielo y aprender el ritmo de Dios con respecto al ministerio y los negocios. Me había agotado intentando tener mi vida de sacerdote y mi vida de rey como llamados separados.

No lo eran. Así que mi perspectiva tenía que cambiar.

El ministerio está tan arraigado en mí que es sobrenaturalmente natural para mí. En lo que realmente he tenido que centrarme es en permitir que los negocios se conviertan también en algo sobrenaturalmente natural para mí, de modo que pueda entrelazar ambos. Como en un baile, necesito fluir con ritmo, en este caso, el ritmo del Reino, para no tropezar conmigo misma. Ha sido una lección desafiante, pero entrar en un buen ritmo en los negocios y el ministerio crea una hermosa danza llamada negocerio.

LA FORMACIÓN DE UN REY

Sólo se puede ser rey o reina naciendo en la realeza.

Y eso es lo que logramos al nacer de nuevo. Nos convertimos en hijos e hijas del Rey. Pero Ester, una de mis heroínas, no se convirtió en reina de la noche a la mañana. Primero fue hija de un padre espiritual, Mardoqueo, el primo que la crió. Ella tenía que saber que lo tenía como padre y que estaba segura en él. Pero este padre espiritual también estudiaba al rey. Estaba a la puerta del rey todos los días, observando su comportamiento. Sabía cómo pensaban y actuaban los reyes.

Creo que Esther le preguntaba sobre lo que había visto cada día al llegar a casa. Cuando se sentaban a comer a la luz de una vela en su mesa, Ester le decía: "Cuéntame qué ha hecho hoy el rey. He oído que celebran una gran fiesta. ¿Qué le gusta comer? ¿Cuál es su deporte favorito? ¿Cuál es su afición favorita?". Nunca supo que un día sería llevada a la fuerza al palacio como reina en potencia. Pero tenía una ventaja sobre todas las demás vírgenes que fueron llevadas porque tenía un padre espiritual que venía a casa todas las noches y le hablaba del rey.

Creo que una de las razones por las que los hijos e hijas de Dios no saben cómo relacionarse con los reyes es que hoy carecemos de verdaderos padres y madres espirituales: personas que estudien al Rey, así como reyes en la cima de los siete montes de la sociedad, que enseñen a sus hijos e hijas sobre ellos.

La identidad de Ester como hija fue primero, mucho antes que su posición como reina. Así es como funciona, debemos saber que somos hijos e hijas del Rey antes de vivir como realeza. Muchos creyentes hoy en día están tratando de gobernar y reinar sin ser sólidos en su identidad como hijo o hija, y no funciona.

Conocía mi identidad como hija del Rey: esa fue mi gran transformación en mi bautismo de amor en Toronto. Pero aún estaba aprendiendo a funcionar como reina, y no era algo natural. Era fácil pasar del ministerio a los negocios. Podía estar orando por alguien al final de un servicio sobre lo que fuera que estuviera pasando en su vida y hablar proféticamente sobre ellos, y si seguían con una pregunta: "¿Qué es eso de la salud que estás haciendo?". Yo podría fácilmente cambiar a una conversación sobre ello. Llevaba años ejerciendo el ministerio y la transición a una conversación sobre otra cosa después de ministrar ocurría todo el tiempo. Pero ir en otra dirección era otra cosa. Si estaba hablando en un evento de entrenamiento de salud y alguien se me acercaba después para preguntarme si oraría por ellos, me tropezaba. El cambio era incómodo. Tardaba unos segundos en entrar en esa mentalidad y decir: "Sí, claro que puedo orar contigo. Hago eso también".

Una vez tuvimos un evento de fin de semana en Gatlinburg para nuestros entrenadores, y la noche después de un largo día de hablar de negocios, una pareja se acercó y dijo: "Tenemos que hablar con usted". Pensé que tenían algunas preguntas de negocios. Ese fue el contexto de todo el día, así que estaba en ese modo. Pero cuando nos sentamos a hablar, me preguntaron qué necesitaban para ser nuestro hijo y nuestra hija espirituales. Querían que los adoptáramos como Leif nos había adoptado a Ray y a mí. Me sentí como un ciervo atrapado ante las luces.

Ya teníamos muchos hijos e hijas espirituales, así que ese no era el problema. Sabíamos cómo hacerlo. Pero no en ese contexto. Fue entonces cuando el consejo de Leif sobre el ritmo se hizo muy evidente para mí. Tuve que aprender el flujo y reflujo, no de hablar de negocios y cambiar a una mentalidad ministerial, sino de estar simultáneamente en ambos ámbitos, porque son elementos clave del Reino. La dinámica había cambiado. Y resultó que acogimos a aquella hermosa pareja como a un hijo y una hija espirituales.

Shannon Grove, senadora del estado de California, demuestra maravillosamente el corazón de un sacerdote y de un rey. Ella creció en una familia que no tenía mucho dinero, y aunque su madre la llevaba a menudo a la iglesia, no le gustaba mucho y con frecuencia se metía en líos cuando era adolescente. Cuando se alistó en el ejército, sintió que huía de Dios.

Shannon sirvió en Frankfurt, Alemania, y estuvo allí cuando cayó el Muro de Berlín en 1989. Fue en Alemania donde encontró al Señor esperándola "con los brazos abiertos". Dedicó su vida a Él, y cuando regresó a Estados Unidos, trabajó para un par de agencias de empleo antes de fundar la suya propia. Dejaré que ella comparta el resto de su historia y su corazón por llevar el Reino primero a los negocios y luego al gobierno:

Una de las cosas más increíbles que puedes hacer por alguien, además de llevarle al Señor, es proporcionarle un trabajo. Un empleo es la mejor solución a la pobreza. El negocio que empezamos en un camino sucio ha florecido hasta convertirse en una de las mayores agencias independientes de empleo en California. Cada día, logramos darle a la gente un trabajo para mantener a sus familias. Todos los días, tenemos que decirles que Dios les dio este regalo. Hemos guiado y orado por innumerables empleados que recibieron segundas oportunidades para mantenerse fuera de la cárcel. Realmente cuidamos de nuestros empleados. Damos el diezmo de nuestro negocio y financiamos muchas organizaciones sin ánimo de lucro de nuestra comunidad. Es un hermoso regalo, este negocerio que el Señor me dio.

No buscaba meterme en política. La política vino a buscarme. Mi congresista me llamó y me preguntó si estaba dispuesta a presentarme a la asamblea estatal, y le dije educadamente que no. Pero oré y ayuné sobre ello con un querido amigo durante veintiún días, un ayuno de Daniel, y sentí que había sido llamada para el puesto. Así que me presenté a las elecciones. Ganamos y acabé en la legislatura del estado de California.

Mucha gente había profetizado sobre mí: Cindy Jacobs, que dijo que sería una mujer de muchas primicias, así como Kris Vallotton, Stacey Campbell, Ché Ahn y muchos otros. Es difícil creer que una madre soltera que no fue a la universidad esté donde estoy hoy. ¡Pero Dios!

Construí relaciones significativas en el Senado de California. El Señor me proporcionó un camino para llegar a personas del otro lado del pasillo, muchas de las cuales tenían opiniones muy diferentes a las mías como conservadora. Él me abrió las puertas para orar con algunas de las personas más poderosas del mundo y enviar palabras proféticas grabadas a muchos en el gobierno.

La Iglesia Bethel en Redding una vez trajo a un grupo de estudiantes de su escuela de ministerio para hablar palabras proféticas sobre la gente en el edificio del capitolio. Recibían palabras para un "modesto O" o un "irlandés James", y yo sabía exactamente a quién correspondían esos nombres. Al final de la tarde, varios legisladores habían acudido a la sala de normas para que se orara por ellos. Un estudiante no paraba de decir que tenía una palabra para un Daniel, y no pudimos encontrar a nadie con ese nombre. Buscamos en Internet para ver si habíamos pasado por alto el segundo nombre de alguien, pero no apareció nadie. Pero este estudiante seguía insistiendo que teníamos que orar por esta persona porque tenía cáncer cerebral.

Conocía a alguien con cáncer cerebral, pero no se llamaba Daniel. "¿A qué se dedica?", preguntó el estudiante.

Les dije que era el jefe de personal del orador, la persona más poderosa de la asamblea. El joven me miró y dijo: "Ah, es Daniel, el siervo del rey".

Nos pusimos en contacto con la oficina del orador, pero no pudimos contactar. Así que grabamos la palabra de este estudiante sobre cómo Dios iba a curar su cáncer y su familia no sería abandonada. Fue una palabra hermosa, y la compartimos con este hombre al día siguiente.

Hemos traído a otras personas para profetizar sobre otros legisladores. Sean Feucht vino y dirigió un evento de adoración en el capitolio del estado en medio de COVID, y 12 000 personas vinieron. El residuo de ese servicio de adoración ha continuado saturando nuestro edificio.

En mis dos primeros años en el Senado pensé que había fracasado en todo. Fracasé en todas las leyes que intenté aprobar y en todas las que intenté parar. Realmente luché con eso. Pero el Señor habló a mi corazón y me dijo: "Yo pregunté: "¿A quién enviaré?" y tú respondiste: "A mí", sin poner condiciones". Aprendí muy rápido y pasé tiempo de rodillas, y sé que estoy aquí porque estoy dispuesta y porque Dios me llamó. Me está utilizando para compartir su amor con todas las personas que se encuentran en el edificio del capitolio, ya sean legisladores u otros del personal. Eso no me impide hablar verdades piadosas, ungidas y valientes, pero he aprendido que no se trata de la batalla o de la victoria. Se trata de obediencia y de estar exactamente donde Dios me ha llamado a estar.

Podría contar una historia tras otra de cosas que ocurren en ese edificio y que demuestran que Dios está allí. Una vez bajé varios tramos de escaleras quejándome a Dios de estar sola, y

> cuando salí, vi a una hermosa dama que caminó hacia mí, me miró y me dijo que nunca estaba sola. Tengo un personal increíble y estoy rodeada de creyentes en mi oficina que aman al Señor. Somos llamados para un tiempo como este y para el propósito que el Señor ha puesto en nosotros. Sabemos que Él tiene un plan y un propósito para nuestras vidas, y cada día nos presentamos para ver lo que Él tiene reservado para nosotros.

En el testimonio de Shannon se puede ver a alguien que ha aprendido el ritmo de ser rey y sacerdote al mismo tiempo, ministrando en el contexto tanto de los negocios como del gobierno. Aprendiendo este ritmo es como llegamos a la cima de los montes para cambiar culturas. No podemos hacerlo sólo como sacerdotes. Los sacerdotes tienen poca influencia allí. Jesús era a la vez Rey y Sacerdote, la demostración perfecta de cómo mezclar el corazón de un sacerdote con la sabiduría de un rey.

El rey de Persia no se casó con una sacerdotisa, aunque Ester tenía corazón de sacerdote. Se casó con una hija de Mardoqueo y, lo que es más importante, con una hija de Dios, porque Ester había sido educada para entender cómo piensan los reyes. Otro rey persa no envió a Nehemías a reconstruir los muros de Jerusalén porque fuera sacerdote lo envió porque era un buen administrador que entendía los propósitos del rey. El faraón no nombró a José segundo al mando en Egipto porque José tuviera entendimiento espiritual, sino porque José tenía sabiduría estratégica y un plan para proteger los intereses del reino. Por eso debemos levantarnos con un corazón de sacerdotes y una mente de reyes, y vivir a un ritmo que honre a ambos.

Estamos conectados con algunos líderes del gobierno en Cuba que nos dicen que Dios está abriendo puertas en los niveles más altos del gobierno, así como en los montes de la educación y los negocios. Ya está sucediendo en muchos lugares. Las tareas en la Universidad de La Habana han incluido la lectura del Antiguo Testamento y la investigación de la iglesia, en un país que ha sido hostil a la religión y la fe durante más de seis décadas. Existe la oportunidad de llevar a muchos de los principales líderes a la salvación en Cristo y ayudar a transformar la cultura, algo que todo creyente desearía. Pero, ¿están ellos preparados para entrar? ¿Estamos preparados para entrar en las esferas de influencia que Dios nos está abriendo en nuestro propio país?

Algunos lo están, sin embargo, es cuestión de entender tanto el papel del rey como el del sacerdote y aprender a actuar en ambos. He tenido que entrenarme para no pensar en términos de entrar en la realeza en mi negocio y entrar en el sacerdocio en mi ministerio. Estos dos ámbitos no están separados. La vieja división sagrado-secular a la que nos hemos adherido durante tanto tiempo no es una forma de vida del Reino.

EL CAMINO DE LA MAYORDOMÍA

Para caminar en tu destino como sacerdote y rey, tendrás que administrarlo bien. A cada paso del camino, Dios te da responsabilidades, pruebas, relaciones, recursos, dones y tareas, y la forma en que respondas a ellas te preparará para avanzar o te enviará de nuevo a través de esos pasos. Descubrirás que tu éxito depende muy a menudo de tu capacidad para mantenerte centrado en las cosas correctas y no distraerte con falsos por qués o motivos impuros.

Cuando Cuba flexibilizó muchas de sus políticas y nuestros líderes allí pudieron abrir un negocio personal, se apresuraron a empezar. Muchos ganaban 15 dólares al mes y de repente tuvieron la oportunidad de ganar cinco o seis veces más. Empezaron a abrir peluquerías y salones de manicura, restaurantes o lo que se les daba bien o les interesaba. Pero a los pocos años de abrir sus negocios, COVID los cerró. La mayoría perdieron sus negocios.

Ahora que las cosas se están abriendo de nuevo, la mentalidad tiene que cambiar. Necesitan administrar sus nuevas oportunidades con una perspectiva diferente. Tienen que ver su trabajo como un negocio del Reino que no sólo genera dinero, sino que también lleva a la gente a través de las puertas a las que de otro modo nunca llegarían. Ganarán dinero, pero no pueden centrarse en el dinero. El por qué, el motivo detrás de su trabajo es extender el evangelio y expandir el Reino. Si administran bien esa oportunidad, sus negocios crecerán.

He estado trabajando con pastores, misioneros y otros ministros para cambiar su mentalidad al respecto, para que administren la misión de una manera diferente a como lo hemos hecho en el pasado. En lugar de dar a nuestra gente "peces", tenemos que darles cañas de pescar y enseñarles a pescar. En otras palabras, en lugar de limitarnos a formarles para el trabajo y financiarlo, tenemos que darles la formación necesaria para que generen su propia financiación, que seguirá creciendo y les servirá a las generaciones venideras.

Por ejemplo, si conocemos a un pastor en Cuba que tiene alguna propiedad y le ayudamos a plantar frutas y verduras, es estupendo. Pero como ministros, quieren regalar todo lo que cultivan. El corazón detrás de eso es comprensible, pero la estrategia no es buena mayordomía. Así que ahora les estamos enseñando a dividirlo: 10% para Dios, 30% para ellos y su familia, 30% para el negocio y 30% para regalar a quienes quieran bendecir. Eso es sostenible. El viejo enfoque no lo es. Es una cuestión de administración.

Esto requiere un cambio de mentalidad, y se aplica a cualquier negocio que quiera crecer. ¿Cómo afrontar la cuestión de qué conservar, qué regalar y qué invertir para el crecimiento futuro?

Ahora, cuando vamos a Cuba, pedimos a los pastores y líderes que identifiquen a personas en su congregación que serían buenos propietarios de negocios: personas que conocen su identidad como hijos e hijas de Dios, entienden su porqué y están dispuestas a avanzar en los propósitos orientados al Reino. Los investigamos y les damos un capital inicial para empezar. Nombramos representantes para asegurarnos de que administran bien sus finanzas, obtienen un rendimiento y se disciplinan para distribuir sus beneficios a Dios, a sus familias, al crecimiento futuro de su negocio y a las personas a las que quieren bendecir con su abundancia. Si somos sabios en nuestra administración, podemos establecer una cosecha perpetua y sostenible del Reino. Esa es una buena inversión.

Muchos pastores y líderes religiosos de Estados Unidos nos han dicho que quieren hacer lo mismo que nosotros con el negocio del entrenamiento de salud. Habían estado dependiendo de una sola fuente de ingresos, que a menudo era apenas suficiente, y cuando se redujo significativamente debido a COVID o alguna otra crisis, se dieron cuenta de que necesitaban algunas alternativas. Muchos empezaron a ser creativos con un negocio en línea o alguna otra aventura empresarial, mientras que otros apenas podían cuidar de sus familias y pagar las facturas. Esto nos lleva de nuevo a la cuestión de si queremos dar pescado a la gente o darle una caña de pescar. ¿Queremos ayudar a la gente en el momento o asesorarles sobre cómo pueden hacer crecer un negocio sostenible que les proporcione un aumento? Debemos administrar bien nuestras oportunidades.

En nuestro negocio, estamos mostrando a muchos pastores y ministros cómo pueden aumentar sus propios ingresos y financiar su propia misión en el Reino. No estamos vendiendo nada, estamos prestando un servicio. No esperamos nada a cambio, estamos devolviendo la esperanza a personas que han probado de todo bajo el sol y no han encontrado nada que funcione para eliminar el peso no deseado y mantenerlo. Estamos ayudando a la gente a prepararse para el tipo de libertad que les permita cumplir con la vocación que se les ha dado sin tener que esperar dos semanas de vacaciones cada año para caminar en su destino.

VIVIR DESDE EL CIELO

Esto requiere una reorientación completa de la forma en que estamos acostumbrados a ver los recursos del Cielo y nuestro acceso a ellos.

Hace muchos años, cuando vivíamos en New Orleans, a veces íbamos a los desfiles de Mardi Gras. Las multitudes en esos desfiles son muy numerosas, y debido a todas las voces y todo lo que sucede, su visión puede ser sesgada y distorsionada, especialmente si usted es un niño pequeño. Nuestro hijo siempre tenía problemas para ver lo que pasaba. Halaba el pantalón de Ray, suplicando: "¡Papá, levántame! Levántame". Ray le levantaba y le ponía sobre sus hombros, y de repente era capaz de ver todo lo que veía su padre.

Dios quiere que veamos lo que Él ve. Mientras que la mayoría de la gente vive con una orientación de la tierra al Cielo, Él en realidad nos da una orientación del Cielo a la tierra, si la recibimos. Ya estamos sentados con Cristo en los lugares celestiales (ver Efesios 2:6) y estamos poniendo nuestra mente en las cosas de arriba, no en las de la tierra (ver Colosenses 3:1-3). Jesús nos dijo que oráramos "en la tierra como en el Cielo", lo que significa que nuestras oraciones se nutren de los recursos del Cielo. Vivimos desde esa visión, viéndonos en lugares celestiales con acceso a todos los recursos del Cielo, y posicionamos nuestros corazones en ese lugar, creyendo literalmente que podemos tener el Cielo aquí en la tierra. Ni enfermedad, ni quebranto, ni pobreza en el Cielo; ni enfermedad, ni quebranto, ni pobreza en la tierra.

En otras palabras, no necesitamos suplicar cosas que ya tenemos. Leif suele ilustrar esto con dos sillas. En una de ellas, nos esforzamos por conseguir lo que no tenemos, vivimos como siervos y no como hijos. En la otra silla, sabemos quiénes somos y recibimos lo que se nos ha dado desde un lugar de descanso. Reconocemos que Jesús está sentado a la derecha del Padre, en un lugar de honor, respeto y valor, y nosotros estamos sentados allí con Él. Podemos creerle a Dios por cualquier cosa en ese lugar.

Por ejemplo, nuestros hijos forman parte de nuestra familia y tienen acceso a todo lo que tenemos. Ellos lo saben. No tienen que ganarse su estatus en la familia. Esa es su identidad. Pero alguien que no conoce su identidad en la familia de Dios siempre está tratando de ganársela, alcanzarla, luchar por ella o validarla. No saben quiénes son o de quién son, al menos no a nivel del corazón. Sin ese sólido sentido de identidad, es fácil vivir con una mentalidad de pobreza e incluso comparar esa pobreza con el sufrimiento por Jesús. Es una vida en la que se intenta atraer al Cielo hacia donde uno está, en lugar de llamar al Cielo desde donde uno está. Cuando has sido sumergido en un bautismo de amor y conoces a Dios como Padre, como tu Papá celestial, vives desde una perspectiva totalmente diferente.

Dios es un Padre bueno y quiere bendecir a sus hijos e hijas. Pero a menudo limitamos esas bendiciones porque nuestras mentes no están entrenadas para creer que podemos tenerlas. Cuando oramos de la tierra al Cielo, no estamos viendo lo que nuestro Padre ve. Estamos tratando de entender lo que Dios está haciendo porque no hemos sido levantados para sentarnos en sus hombros. Cuando sabemos que estamos sentados con Cristo en lugares celestiales, cuando nuestro corazón está posicionado allí y conectado con el ritmo del corazón de Dios, tenemos una vista diferente, y es asombroso. Empezamos a tener ideas y "descargas", y las puertas de la oportunidad se abren porque de repente podemos verlas y entrar.

Como describí en el capítulo 2, hacia el final de cada año, le pido a Dios una palabra para el año venidero. A finales de 2019, le pregunté sobre 2020, y Él dijo que sería un año de doble visión. Genial, pensé. Eso sonaba genial. A principios de 2020, fui a Cuba justo cuando COVID estaba empezando a golpear y antes de que todo estuviera bloqueado. Allí prediqué sobre el año de la visión doble, la visión 20/20, y cómo veríamos las cosas de una manera más grandiosa. Un oftalmólogo mide la longitud visual (distancia) y la anchura (tamaño), que se relaciona maravillosamente con ver lo que Dios está haciendo y lo lejos que Él va con eso: tamaño y distancia. Prediqué todo esto y llegué a Estados Unidos preguntándome por qué todo el mundo llevaba mascarillas en el aeropuerto. Entonces todo se apagó. Y todo aquel mensaje sobre la visión me pareció muy lejano.

"No", me dijo Dios, "no si ves las cosas como yo las veo, desde la perspectiva de mi Reino". Él quería que me sentara sobre sus hombros y viera el panorama completo.

Creo que Él estaba diciendo: "Esta no es la forma en que se supone que debe verse mi Iglesia, cómo se ve el gobierno del Cielo, cómo se supone que deben enseñar las escuelas". En otras palabras, cada monte de la sociedad no estaba funcionando de la manera en que Él ordenó que funcionara, y Él los estaba desconectando por un tiempo. Nos estaba poniendo en posición para un reinicio. Esa es una gran visión.

En diciembre de ese año, le pregunté a Dios cuál sería la palabra para 2021.

"Doble oído", me dijo. "Habrá muchas voces ahí afuera, y si no conoces la correcta, te desviarás del camino".

Y era verdad. Había mucho que hacer ese año, y cualquiera que escuchara las noticias oía voces fuertes, disonantes y confusas. Muchos escuchaban la voz de la Paloma (paz, consuelo, esperanza), pero la mayoría escuchaba la voz de un pichón (miedo, ansiedad, confusión, desconfianza).

Luego llegamos a 2022, que Dios dijo que sería el "año de la doble bendición". Sería el año de traer las finanzas del Cielo a la tierra. Viví demasiado de mi vida de la tierra al Cielo, tratando de bajar los recursos del Cielo y esperando que tuviéramos suficiente. Pero ese año marcó un cambio que creo que es válido para toda la Iglesia. Ya no debemos centrarnos en escapar, esperando salir de aquí para ir al Cielo. No, esta es una era de traer el Cielo a la tierra, y eso incluye las finanzas, así como cualquier otra bendición del Cielo. Y 2022 fue un año de grandes bendiciones para Ray y para mí y para muchos otros que conocemos.

Puede tomar tiempo para que muchos cambien su forma de pensar en esta área debido a lo que se nos ha enseñado por mucho tiempo. Pero así es como los hijos e hijas de Dios ven con gran visión y entran en la doble bendición. Vivimos del Cielo a la tierra, trayendo la abundancia del reino celestial a nuestro mundo para el crecimiento del Reino de Dios.

LA VISIÓN CENTRAL

Llevar a cabo este llamado como sacerdotes y reyes, aprender el ritmo del negocerio, visionando y administrando los recursos de Dios, y acceder a ellos desde nuestra posición de abundancia en el Cielo en lugar de desde nuestra posición de necesidad en la tierra, requiere cambios radicales, cambios radicales no sólo en nuestra forma de pensar, sino también en nuestra forma de ver: nuestra visión de nuestro Padre, nuestra identidad como hijos e hijas suyos, y toda nuestra comprensión de nuestro llamado y misión. Es una aventura, pero puede parecer abrumadora.

En el nivel más fundamental, todo se reduce a buscar primero el Reino de Dios y su justicia y confiar en que Él cumplirá con todo lo demás. Mi versículo de vida, como mencioné en el capítulo 2, es Mateo 6:33: "Buscad primero el reino de Dios y su justicia, y todas estas cosas os serán añadidas". Dios nos dice que lo busquemos y hagamos lo que Él nos manda hacer: buscar su Reino y su justicia, y Él se encargará de todo.

Eso significa que me aseguro de que cuando me levanto cada día, lo primero que busco es el rostro de Dios, no su mano, sino su rostro. Él es mi prioridad cada día. El ritmo de la vida de realeza y sacerdotal comienza ahí. Y en esa prioridad y con ese ritmo, se abrirán las puertas de los corazones y las mentes. Naciones, ciudades y comunidades pueden ser transformadas.

Y tú, como muchos otros creyentes de nuestro tiempo, puedes desempeñar un papel importante en la transformación de tu mundo y en llevar el Reino de Dios a el.

8

HERENCIAS DEL CIELO

Hace muchos años, estaba en la playa del océano Índico en Pemba, Mozambique, con Heidi Baker. Era el Día Nacional de la Mujer, y ella había traído a todas las muchachas y mujeres trabajadoras del orfanato de su ministerio para celebrarlo en la orilla. Les dio de comer en un restaurante de la playa y luego todas nos metimos en el agua a jugar.

Con todos los gritos y chillidos de alegría a nuestro alrededor, Heidi se volvió hacia mí y me dijo: "¡Podemos divertirnos tanto con Dios!".

Y tiene razón. Pero muchos creyentes, y a menudo personas en el ministerio, no se dan cuenta de eso. Yo tampoco lo sabía hasta mi bautismo de amor en 2003. Ellos ven a Dios serio todo el tiempo, y no se dan cuenta de lo mucho que Él quiere bendecir a sus hijos y verlos disfrutar del regalo que Él les da. No reconocen el increíble regalo de poder divertirse en su Reino.

He mencionado que la construcción de la riqueza del Reino se trata de convertirse en un canal para que Dios bendiga al mundo a través de nosotros y avance su Reino. Eso no significa que no podamos disfrutar también de esas bendiciones. Ahora tenemos una casa hermosa y buenos autos, y no nos disculpamos por eso. Si recibo comentarios en las fotos que he publicado desde el balcón de una habitación de un hotel en Punta Cana que me juzgan por gastar dinero en algo que no sea alimentar a los huérfanos y hacer crecer las iglesias, generalmente es de alguien que no tiene ni idea de lo mucho que invertimos en orfanatos, iglesias y otros ministerios. Pero sabemos lo que es más importante y estamos viviendo nuestras prioridades del Reino. Podemos edificar el Reino y disfrutarlo al mismo tiempo.

La tendencia de la Iglesia a asociar las funciones sacerdotales con la pobreza viene de mucho tiempo atrás. Mucha gente piensa que Jesús era pobre, por lo que la mayoría de los sacerdotes viven de la carencia y no de la abundancia. Los sacerdotes pueden ungirte, orar por tu sanidad, hacer sacrificios y sufrir por Jesús, pero muchos apenas sobreviven. Pero, ¿era Jesús realmente pobre? Por un lado, nació en un establo. En el camino, no tenía donde reclinar la cabeza. Ciertamente no era llamativo. Por otro lado, como hemos visto, su padre terrenal, José, era un hombre de negocios que sabía cómo hacer dinero, y Jesús fue criado en un ambiente de negocios. Él también era un hombre de negocios, un carpintero.

Las Escrituras nos dicen que Jesús se hizo pobre para que nosotros nos enriqueciéramos (véase 2 Corintios 8:9). Muchas personas automáticamente leen en eso, "espiritualmente ricos". Pero esa afirmación viene en el contexto de Pablo hablando de dinero, de riqueza material real y de cómo estamos llamados a dar generosamente. Las Escrituras están llenas de otras referencias al sacrificio de Jesús por ocupar nuestro lugar para elevarnos al suyo.

Jesús asumió el pecado para que pudiéramos convertirnos en la justicia de Dios en Cristo (véase 2 Corintios 5:21). Llevó los azotes de un látigo para que pudiéramos ser curados (véase Isaías 53:5, otro pasaje con enormes implicaciones espirituales, aunque Mateo 8:17 lo aplica a la sanidad física). Fue abandonado por su Padre para que pudiéramos ser adoptados como hijos e hijas (véase Mateo 27:46; Romanos 8:15-17; Efesios 1:5). Entonces, si Jesús fue despojado de las bendiciones del Cielo y de la tierra para que nosotros pudiéramos tenerlas de todas estas otras maneras, ¿no incluiría eso también alguna medida de abundancia financiera? El intercambio divino en la cruz fue completo. Pero históricamente hemos tenido tanto miedo de los abusos de un "evangelio de la riqueza" o "enseñanza de la prosperidad" que hemos ido completamente en la dirección opuesta y hemos dejado la provisión financiera fuera del cuadro.

Tenemos que sentirnos cómodos tanto con la gente de la calle como con la gente del palacio. Como Pablo, tenemos que saber estar contentos en cualquier situación, ya sea en la abundancia o en la escasez (véase Filipenses 4:12). Por mucho que instintivamente hagamos hincapié en la "carencia", el equilibrio también incluye la "abundancia".

La última vez que fui a Cuba, pude llevarme 5.000 dólares para comprar arroz y frijoles para un gran número de personas, y no tuve que comprobar mi cuenta para hacerlo. Mientras escribo esto, un pollo al horno cuesta 65 dólares allí, y la mayoría de la gente apenas gana dinero. Se siente bien poder alimentar a mucha gente y hacerles saber que viene de un Dios que los ama y quiere bendecirlos. Si quiero organizar un banquete para mujeres musulmanas en Pakistán, para que puedan escuchar las Buenas Nuevas y entablar relaciones con mujeres cristianas, no tengo que pasar semanas o meses recaudando dinero para ello. Ya lo he hecho antes, y no tiene nada de malo, pero ahora puedo planear algo cuando lo necesite.

La riqueza del Reino es un activo enorme y estratégico para los propósitos del Reino.

NO HAY POBREZA EN EL CIELO

Conocemos a personas increíbles que han servido en otros países durante años. Han recibido un buen apoyo financiero. Como cualquiera de nosotros, tienen la oportunidad de iniciar un negocio que les generaría buenos ingresos y quizás les permitiría depender menos de la recaudación de fondos. No hay nada malo en recaudar apoyo financiero, a menudo es así como Dios provee a quienes le sirven. Pero si estamos entrando en una nueva temporada de las finanzas del Reino, como yo y muchos otros ministros conocidos creemos que estamos, tal vez es hora de pensar en formas adicionales de financiar el trabajo del Reino.

Conocemos a misioneros que han predicado que si no hay cáncer, ni enfermedad, ni dolencia en el Cielo, entonces no debería haber ninguno en la tierra. Ellos son grandes en llevar y predicar el mensaje de "en la tierra como en el Cielo", y han visto curaciones milagrosas a través de su ministerio. Pero me han dicho que creen que sus riquezas están guardadas para ellos en el Cielo y no en la tierra.

Tenemos riquezas almacenadas para nosotros en el Cielo. Eso es verdad. Pero yo les plantearía algunas preguntas: ¿Hay pobreza en el Cielo? ¿Alguna carencia o necesidad económica? Y si no la hay, ¿deberíamos aceptar la necesidad económica en la tierra, para nosotros o para cualquier otra persona? Si basamos la sanidad en el hecho de que no hay enfermedades en el Cielo, ¿no deberíamos basar también nuestro suministro en el hecho de que no hay pobreza en el Cielo?

Dios está levantando empresarios y negocios como ministerios para financiar sus misiones en el Reino. Eso no significa que la era de la recaudación de apoyo financiero para la obra misionera haya llegado a su fin, pero puede que no sea el principal medio de apoyo en el futuro. Si Dios está equipando a su pueblo para construir la riqueza del Reino, podemos hacer mucho trabajo del Reino a través de los ingresos que provienen de ella, además de lo que los generosos donantes están apoyando. Lo necesitamos todo.

Esas son los lentes con los que miramos, ya sean las finanzas, las relaciones, la salud o cualquier otra cosa. Creemos en "en la tierra como en el Cielo", y así como no hay cáncer, enfermedades del corazón, parálisis, relaciones rotas, obesidad, o cualquier otra evidencia de la caída en el Cielo, tampoco hay ninguna carencia financiera en el Cielo.

En el Cielo nos espera otro tipo de *riqueza.* Allí no necesitaremos dinero. Pero sí necesitamos suficiencia financiera aquí en la tierra, en esta generación y en las venideras. Y creo que las personas que sirven a Dios en cualquier capacidad, en cualquier campo, necesitan cambiar su forma de pensar. Puede que haya temporadas en nuestras vidas en las que el bienestar financiero sea un reto, pero Dios quiere más para nosotros, que simplemente ganarnos la vida a duras penas y gastar cada céntimo como si Él tuviera pocos recursos. Él quiere que caminemos en una mentalidad de abundancia para que podamos avanzar su Reino abundantemente en la tierra.

La manera de pensar de los cristianos ha sido condicionada a contrastar la vida austera o modesta al "evangelio de la riqueza", como si cualquier asociación del evangelio con la riqueza significara simplemente enriquecerse con fines egoístas. Pero hay una gran diferencia entre querer enriquecerse para ser rico y construir riqueza para financiar el trabajo del Reino. Todo el trabajo del Reino en cada época de la historia ha sido financiado por personas que tienen dinero. A menudo decimos en nuestro negocio: "¡El dinero en manos de buenas personas hará grandes cosas!".

Claro que hay personas que abusan del don de las bendiciones financieras. Pero también hay personas que abusan de todos los demás dones que Dios puede darnos, y no desechamos los dones sólo por los abusos. Mucha gente abusa de la comida, pero no dejamos de comer ni llamamos mala a la comida. La gente intenta gastar dinero falso, pero no nos deshacemos de todo nuestro efectivo. No dejamos que el mal uso de otros dones nos impida disfrutarlos de la manera correcta.

Escucho a la gente hablar todo el tiempo sobre el trabajo del Reino que les gustaría hacer: abrir un hogar para mujeres y niños que son víctimas de la trata de personas, alimentar a los huérfanos, ir en un viaje misionero, ayudar a construir una iglesia o llegar a un país con el evangelio. "¿Por qué no lo haces? Pregunto.

Casi siempre responden: "Porque no tengo dinero".

Sienten que Dios les llama, pero no tienen los medios para responder al llamado. Pero el dinero no es problema de Dios. ¿Por qué las finanzas nos frenan cuando es Dios quien lo posee todo? Como hijos e hijas suyos, sólo necesitamos saber cómo acceder a él.

Esto no empieza con la cartera o la billetera. No se trata simplemente de conseguir otro trabajo o montar un negocio al azar. Hay algo de estrategia en ello. Pero el primer lugar donde comienza esa estrategia es en la mente y el corazón. Para nosotros, era asumir que estábamos sirviendo mejor a Jesús conduciendo coches destartalados y racionando los paquetes de ayuda que nos daban. Tuvimos que aprender a pensar y sentir de forma diferente sobre el dinero y la riqueza. Ahí es donde hay que cambiar primero.

El siguiente paso es aprender a soñar. Si quieres convertirte en un canal de las bendiciones de Dios para el mundo, sueña cómo te gustaría hacerlo. No podrás hacerlo hasta que sueltes algunos juicios que hayas podido hacer en el pasado. Muchos cristianos han mirado a la gente rica con condena o desprecio, como si todos vivieran egoístamente. Parece que existe la tentación de poner los ojos en blanco y renunciar a cualquier deseo de ser millonario, como si llegar a serlo fuera intrínsecamente injusto.

¿Sabes cuánto donan los ricos y a qué causas? ¿Conoces los sacrificios que han hecho? ¿Piensas que todo les viene dado y que nunca han tenido que trabajar para conseguirlo? ¿Has pensado que pueden ser la fuente de financiación de numerosos misioneros y organizaciones benéficas de todo el mundo, y que esto puede ser una parte importante de su llamado y de la misión que Dios les ha encomendado en el Reino? No podemos conocer todas las respuestas a estas preguntas, no tenemos una visión interna de la vida de todo el mundo, pero muchas personas se sienten libres para juzgar de todos modos. Si esa ha sido tu tendencia, ten cuidado. Con tus palabras, acciones o pensamientos puedes estar maldiciendo tu propia futura misión.

Te animo a que sueltes todas esas suposiciones, si las tienes, y aprendas a ver la riqueza como una oportunidad del Reino. Después, permítete soñar. Lleva tus sueños a tus conversaciones con tu Padre extravagante y generoso. Mira en qué dirección van y cómo te guía Él. Puede que te sorprenda a dónde te lleva.

Todos estamos llamados a invertir en el Reino de Dios. En cualquier área en la que experimentes un aumento en sabiduría, amor, compromiso y, sí, finanzas, tendrás más de ti mismo para dar. Ver la vida a través de los lentes del Reino significa mirar a las personas, comunidades, ciudades, naciones y culturas enteras que necesitan a Dios. Empezamos a verlos como una herencia que se recibe del Dios que tiene todo el poder y los recursos en sus manos.

HEREDEROS DE NACIONES Y NEGOCIOS

Hace varios años, me enfrentaba a cinco años de cárcel. Nuestro ministerio en Cuba mantenía a unos veinte pastores con 25 dólares al mes. Los pastores solían estar en lo más bajo de la escala social, con unos 15 dólares al mes, así que era una buena inversión. Llevé a mucha gente en viajes misioneros allí durante años y en mi página web había sitios donde el que quisiera podía patrocinar a pastores e Iglesias.

Cuando estaba en el African Call en Tanzania en 2008, uno de mis hijos espirituales de Cuba me envió un mensaje para decirme que teníamos que hablar en cuanto llegara a casa. Iba a ser dentro de dos semanas, pero me dijo que esperaría. Finalmente, cuando llegué a casa, le llamé y le pregunté qué estaba pasando.

"Creo que hay problemas, mamá", me dijo. Me explicó que un pastor de Nueva York estaba en Cuba y que mi hijo espiritual había entrado en una habitación donde este pastor tenía impresiones de mi sitio web sobre una mesa. El lunes siguiente por la mañana recibí una carta del Departamento del Tesoro de Estados Unidos. Me enfrentaba a un montón de posibles multas y a la posibilidad de cinco años de cárcel por patrocinar a pastores en Cuba.

Como mencioné anteriormente, Dios me había dicho en 2006 que me daría a Cuba como herencia. Era la última noche de una conferencia, y yo estaba en el suelo, quebrantada por la presencia de Dios y simplemente empapándome de Él. "Dios", le dije, "igual que le diste Mozambique a Heidi Baker, quiero a Cuba".

"Es tuya, hija mía", dijo Él. "Tómala."

Así que alcé mis manos al Cielo y puse a Cuba en mi corazón. ¿Cómo? No sé cómo funciona. Simplemente lo hice. ¿Cómo hace una vaca carmelita para comer hierba verde y producir leche blanca? No tengo que saber cómo sucede para disfrutar de un vaso de leche fría con galletas de chocolate calientes. Tiene un sabor increíble. No miro la leche y trato de entender el proceso. Simplemente la bebo. No sé cómo había recibido a Cuba, pero sabía que lo había hecho.

El Salmo 2:8 dice: "Pídeme, y te daré por herencia las naciones, y por posesión tuya los confines de la tierra". El versículo anterior está dirigido al Hijo. Después de mi bautismo de amor me di cuenta de que había estado trabajando por las naciones en lugar de recibirlas, pero heredamos las naciones como hijos e hijas, no como siervos o esclavos. Incluso leído como un salmo mesiánico que invita al Hijo de Dios a pedir por las naciones del mundo (véase el versículo 7), sigue siendo válido. Somos coherederos de Jesús.

Heredamos lo que Él hereda, y yo había pedido a Cuba como mi parte.

Volví a casa de ese viaje y me pregunté: ¿Hasta dónde llegaré por esta nación que acabo de recibir como herencia? Pedí el libro del Hermano Andrew God's Smuggler (El Contrabandista de Dios) y lo devoré. Después de eso, supe que estaba dispuesta a dar mi vida por Cuba. Todavía hoy lo estoy. Sabía que Dios me había guiado a hacer lo que estaba haciendo al patrocinar pastores allí, y si ir a prisión me daría una voz para la iglesia que sufre en esa nación, humildemente iría. Pero no sabía qué pensar de esta repentina oposición.

Esta investigación de las autoridades llegó mientras trabajaba para Leif. Él estaba de viaje fuera del país con su hijo. Le pregunté a mamá Jen Hetland si tenían un abogado. Me puse en contacto con la junta de mi ministerio y con el pastor de nuestra iglesia en Iowa, que era consejero de mi junta. Mi licencia para trabajar en Cuba estaba bajo esa iglesia en ese momento, y dejé claro que no quería que esto se reflejara en la Iglesia o en la junta. Les insté a que se distanciaran de mí. En lugar de eso, prometieron seguir conmigo pasara lo que pasara.

Nos reunimos con nuestros hijos, que se habían criado en México, habían sido retenidos a punta de pistola en los desiertos de México y habían sido testigos de los efectos de las bombas que estallaban en El Salvador durante su guerra civil. Habían vivido estas situaciones tan interesantes y edificantes para la fe como para no sorprenderse. Su respuesta fue: "¡Mamá, sabemos que harías cualquier locura por Dios!

Por fin pude hablar con Leif por teléfono y me preguntó cómo me iba. "Bueno, si mantengo los lentes del Reino delante de los ojos, la verdad es que me va bien. Si empiezan a deslizarse hacia abajo y miro a través de lentes naturales, me pongo un poco nerviosa". Sabía que era un pez pequeño en un estanque pequeño, no era una amenaza para el país como algún terrorista, y mi trabajo no estaba lo suficientemente extendido como para llamar mucho la atención, incluso en el contexto del embargo estadounidense a Cuba en aquel momento, así que alguien debía haberme delatado. Me habían señalado.

El gobierno estadounidense me dio treinta días para preparar mi respuesta, así que reunimos lo que necesitaban y se lo enviamos. Mientras tanto, volé a Iowa para reunirme con mi junta y decirles que quería liberarlos porque no estaba segura de hacia dónde se dirigía esto. Les dije que no les reprocharía nada ni me enfadaría con ellos si alguno abandonaba el consejo. Todos habían estado en un viaje a una nación u otra conmigo, y todos dijeron que se quedaban y me apoyaban.

Poco después, nuestro pastor en Iowa me llamó para decirme que el FBI acababa de presentarse en la iglesia sin previo aviso. Querían saber cómo me había conocido, (nos conocíamos desde hacía dieciséis años), y cuál era mi relación con la Iglesia, y tenían muchas otras preguntas. Nuestro pastor les dijo la verdad sobre todo.

Unos días después recibimos por correo un formulario en el que se solicitaba información adicional, lo rellenamos y lo devolvimos. Desde entonces no hemos vuelto a saber nada. Todavía cuento a Cuba como mi herencia.

Creo que también recibimos negocios como herencia como podemos recibir naciones. La herencia es un concepto muy bíblico. Como gente del Reino haciendo trabajo del Reino, tenemos todo el derecho como hijos e hijas de Dios de pedirle herencias que Él ha prometido dar.

Estoy muy consciente de que hay oposición a este mensaje. Está bien, estoy acostumbrada a la oposición. Antes de mudarme a Ohio, recibí cartas diciéndome que no fuera porque, como pastora, no me querían allí. Durante los primeros diez meses de mi estancia allí, un grupo de hombres (que no eran de nuestra Iglesia) se reunían cada dos domingos para pensar cómo echarme de la ciudad, como si no tuvieran nada mejor que hacer un domingo por la tarde. Me llamaron líder de una secta y pastora musulmán (todavía no lo he entendido), pero yo sabía que estaba en una misión del Reino para cambiar una cultura en una Iglesia y una comunidad. Me dolió, por supuesto, pero no me quitó el sueño porque sabía que Dios me había puesto allí para su misión en el Reino.

Así que no me sorprende cuando la gente cuestiona el concepto de un "misionero millonario". Lo que no saben es cuánto ministerio realizamos con los recursos con los que Dios nos ha bendecido. Habíamos sido generosos; ahora podemos dar extravagantemente. Hemos ayudado a familiares con muchas de sus necesidades. Hemos creado una herencia que podemos dejar a nuestros hijos, nietos y bisnietos. Nos hemos volcado en iglesias y orfanatos y en las vidas de pastores y misioneros. Sabemos que tenemos la misión de cambiar la forma de pensar de la gente para que entiendan el Evangelio del Reino, para que se den cuenta de que podemos hacer un mejor trabajo expandiendo el Reino y cumpliendo la Gran Comisión si tenemos más recursos para hacerlo.

Una vez más lo repito, Dios no carece de finanzas. Sólo debemos aprender cómo acceder a lo que Él quiere dar y tener corazones y mentes que hayan sido probados y en los que se pueda confiar para administrarlos bien.

Seguimos viviendo por fe. Siempre planificamos nuestras donaciones de una manera que sabemos que nos exigirá mucho. Pero podemos hacer muchas cosas que antes nos suponían un esfuerzo y ahora ya no. Puedo invertir en eventos en Cuba o Pakistán o donde sea sin tener que sudar la gota gorda para ver si es factible. La libertad financiera incluye la libertad de ir a Cuba durante un par de semanas y apoyar el ministerio allí si es necesario, o financiar algo grande para llegar a las mujeres detrás del velo.

UN CANAL DE BENDICIÓN

Una vez, en un viaje a Pakistán, dirigí un evento de mujeres al aire libre que salió muy bien. Muchas mujeres se encontraron con Dios. Al día siguiente era el Día de las Madres en Estados Unidos, pero yo no creía que se celebrara allí, así que me pregunté en nuestro primer día en el país por qué seguía viendo carteles por todas partes en urdu, la lengua pakistaní, con la palabra "mujeres" en inglés.

Así que le pregunté a Robert, uno de nuestros líderes allí, qué decían todos esos carteles.

"El gobierno ha declarado la Semana de la Mujer", me explicó. "Es la primera vez en la historia de Pakistán". Casi me caigo del asiento. Aquí, en un país y una cultura musulmanes, se honraba a las mujeres. Había estado muchas veces en Pakistán y nunca había visto ni oído nada parecido.

Teníamos prevista una cena un par de noches después, coincidiendo con el Día de las Madres en Estados Unidos y, según me enteré, con la Semana de la Mujer en Pakistán. Era para treinta destacadas mujeres cristianas y treinta destacadas mujeres musulmanas, académicas de la universidad donde Leif había hablado unos días antes. (Hablar ante un público que incluía mujeres era algo inaudito, pero parece que a Leif se le abren puertas así todo el tiempo). Nuestra Iglesia había reunido algunos regalos para estas mujeres, bufandas y joyas, que ungieron, oraron por ellas y metieron en bolsas de regalo.

Alquilé un restaurante, pedí la mejor comida y dispuse unas mesas largas. Las mujeres cristianas vinieron a sentarse a mi lado, pero les dije que se separaran. Se sentarían a un lado de las mesas, y sus hermanas musulmanas se sentarían frente a ellas para poder compartir juntas durante un par de horas. Muchas de las cristianas ya me conocían, pero ninguna de las musulmanas, así que las saludé cuando entraron y se sentaron.

"Quiero darles las gracias a todas por venir", empecé. "Es un gran honor. Mañana en Estados Unidos honramos a todas las madres de nuestro país, y sé que la mayoría de las que están aquí también son madres, así que quiero honrarles esta noche. Todas hemos sido creadas a imagen de Dios, y Él quiere conocerlas a todas como sus hermosas hijas. Así que partamos el pan y juntas disfrutemos de la vida esta noche".

Sólo quería ganar sus corazones, no centrarme en evangelizar y conseguir que tomaran una decisión. Con ese enfoque, me habrían cortado, se habrían ido y nunca habrían vuelto. Pero ellos sabían que yo no tenía un gancho. Como Ester, una judía que se ganó el corazón de un rey persa; como Daniel, que cambió el corazón del rey; como José, que demostró que se preocupaba por el bienestar de un país que le era ajeno, yo quería que supieran que eran amadas y honradas.

Cuando terminó la cena, les dimos sus regalos. Al final de esas dos horas, esas mujeres musulmanas querían hacerse selfies conmigo y me preguntaban cuándo iba a volver. Lo publicaron todo en sus páginas de Facebook. Me dijeron que no se había hecho nada parecido en Pakistán, donde mujeres cristianas y musulmanas se reunían para cenar. Pagué 6.000 dólares por el evento de la noche anterior y por la cena, parte de eso para la protección de los guardias que llevaban AK-47 para protegernos, pero valió mucho más que eso.

Leif me preguntó qué quería hacer la próxima vez. "Siguen pidiendo que vuelvas", me dijo.

Le dije que quería aumentarlo: doscientas mujeres en lugar de sesenta. Costaría mucho más, pero sería una gran inversión para el Reino. No me equivocaría si dejara que otras personas invirtieran en ese tipo de eventos, pero lo que quiero decir es que no necesito esperar y restar tiempo a nuestro negocio para intentar recaudar dinero. No tendré que preocuparme de si saldrá bien, ni de dónde vendrá el dinero. Sé que podría simplemente firmar el cheque.

Dicho esto, hay muchas personas que contribuyen constantemente a nuestro ministerio, y estoy muy agradecida por ello. La mayoría de esas personas no están en condiciones de ir a los lugares que yo voy, y como no pueden, se asocian para enviarme a mí, casi siempre basándose en nuestra relación con ellos.

Del mismo modo, casi siempre sembramos en los ministerios de otras personas por relación. Debido al enorme negocio que hemos desarrollado, muchas personas se ponen en contacto con nosotros para pedirnos dinero para algún viaje misionero u otra tarea del Reino. Aunque Ray y yo amamos bendecir el trabajo del Reino, nunca queremos que sea porque alguien se enteró de que tenemos dinero y asume que somos una fuente de provisión para ellos. Apoyamos a muchos ministerios y misioneros, pero siempre basándonos en una relación y no simplemente en el hecho de que tenemos dinero. Hace poco, cuando un huracán azotó el sur de Florida, muchas organizaciones necesitaban ayuda, pero elegimos una que conocíamos y en la que confiábamos. Sembramos financieramente allí donde se han establecido relaciones del Reino.

Me encanta financiar eventos ministeriales como los que hice en Pakistán. Me encanta bendecir a la gente allí, en Sri Lanka, o dondequiera que Dios me guíe. Recientemente, Dios ha vuelto a centrar mi atención en Cuba y me ha prometido ocuparse de nuestro negocio de hecho, llevarlo a un nivel completamente nuevo si cuido de su pueblo allí. Y puedo hacerlo. Tengo la libertad de hacer eso debido a un sí hace unos años y a la voluntad de invertir en los propósitos de Dios en mi vida, la vida de mi familia, y su Reino.

Joyce Meyer acertó en esto hace muchos años. Ella claveteó en nuestro "apestoso pensar" acerca de las finanzas. Recibió mucha presión por eso, cualquiera que se convierte en un ministro de la riqueza del Reino va a ser interrogado por personas que no lo entienden, y sé que puedo recibir algo de eso también. Pero conozco mis tareas. Me encanta derramar abundancia en las naciones y en mi familia. Me encanta poder sentarme con la gente en un restaurante y tomar la cuenta sin preocuparme de si tengo suficiente para cubrirla. Puedo bendecir a la gente de la manera que quiero bendecirlos.

Y así como la Biblia dice que es más bienaventurado dar que recibir (véase Hechos 20:35), siempre siento que soy yo quien recibe la mayor bendición.

9

VIVIR EN TU POR QUÉ

Cuando alcancé por primera vez la marca de 6.000 dólares al mes en nueve meses de nuestro negocio de entrenamiento de salud, estaba hablando por teléfono con mi entrenadora que me patrocina. Ella conoce a nuestra familia desde hace años, incluyendo a nuestros hijos y nietos. Ella había estado conmigo en Cuba y México y había servido en conferencias de mujeres conmigo.

"Leanne, sabes que este negocio es testamentario ¿verdad?", me preguntó.

"¿Qué quieres decir con eso?"

"Quiero decir que puedes pasar esto a Beth y Jeff y sus familias."

Siempre he enseñado sobre saber tu por qué. Tienes que saber por qué haces lo que haces y estar motivado por ello para saber a qué decir que sí y a qué decir que no. Cuando hablo en congresos y convenciones, animo a la gente a tener varios por qué, es decir, varios niveles que te ayuden a priorizar y a centrarte en lo más importante. Cuando tienes un por qué lo suficientemente grande, harás lo que tengas que hacer.

Siempre he enseñado a saber por qué. Tienes que saber por qué haces lo que haces y estar motivado por ello para saber a qué decir que sí y a qué decir que no. Cuando hablo en congresos y convenciones, animo a la gente a tener varios por qué, es decir, varios niveles que te ayuden a priorizar y a centrarte en lo más importante.

Cuando tienes un por qué lo bastante grande, harás lo que tengas que hacer.

Con "niveles de por qué" me refiero a averiguar tu próximo objetivo, a buscar tu próxima razón para la temporada, el próximo sueño del Reino. Por ejemplo, mi primer porqué con nuestro negocio de entrenamiento fue ver a las personas que habían tenido un gran éxito con el y pensar que yo y todos los demás en el planeta tenemos derecho a parecernos a ellos. Entonces, nueve meses después, descubrí que era un FIBC (Fully Integrated Business Coach) una Entrenadora de Negocios Totalmente Integrados. Ayudar a otros a alcanzar esa meta era otra capa de por qué. Entonces me enteré de que el negocio era testamentario; podíamos pasárselo a nuestros hijos y nietos, y seguir aumentando la herencia que les dejaba a ellos y a nuestros nietos. Ese fue mi siguiente motivo.

Pasaron un par de años y acabamos teniendo un negocio con ingresos de un millón de dólares al mes. Como ya he dicho, tardé un poco en entender lo que significaba exactamente que se procesara un millón de dólares en recursos de salud a través de nuestro negocio cada mes. Y nuestra cuenta seguía creciendo.

Cuando nos enteramos de que habíamos alcanzado el estatus de millonarios, una pareja que forma parte de nuestro equipo de mentores nos dijo: "¡Qué emoción! Cuando nos hicimos millonarios, nuestro objetivo era ayudar a otras diez personas a hacerse millonarias, ¡y Ray y tú son la décima!". Eso significó más para mí que la bonificación que venía con eso. Alguien que no nos conocía antes de que nos metiéramos en este negocio había estado soñando con nosotros incluso antes de saber nuestros nombres. Nos habían dicho que fueron pastores ejecutivos durante veintisiete años. Ahora es ministro y empresario. En lugar de vivir de cheque en cheque, apenas capaz de pagar las facturas, ahora había llegado al punto de ganar un ingreso mensual significativo.

"Vimos hacia dónde nos llevaba esto", explicaron. "Reconocimos lo que podría aportarnos en términos de riqueza del Reino y capacidad ministerial. Sabíamos que podríamos financiar muchas cosas que antes sólo habían sido esperanzas y sueños lejanos."

Ray y yo queríamos hacer lo que ellos habían hecho también, ayudar al menos a diez personas a llegar a este punto. Ese se convirtió en nuestro siguiente "por qué": ayudar al menos a diez personas a convertirse también en millonarios.

Dios me había hablado después que empecé a entrenar. "Leanne, te di el programa para tu salud, pero te di el negocio para tus finanzas para que puedas ir a donde quieras ir, hacer lo que quieras hacer, y dar a quien quieras dar. El dinero nunca será una pregunta, así que no me lo vuelvas a pedir".

No hemos tenido que hacerlo. Podemos financiar nuestras propias misiones. "Podemos ir a cualquier parte del mundo, alimentar a cualquier huérfano que queramos alimentar, financiar una iglesia en Cuba, organizar un banquete para mujeres musulmanas en Pakistán para que puedan experimentar el verdadero honor y el amor de Dios y ver cómo funciona su Reino, y bendecir a cualquier ministerio y a cualquier persona que queramos bendecir. Estamos cumpliendo sueños que en algún momento fueron sólo deseos, y la mayoría de los deseos no se hacen realidad.

Esos por qué nos dan visión. Nos hacen avanzar.

La mayoría de la gente se sienta a esperar a que ocurra algo. En nuestro trabajo, es como esperar que alguien llame a nuestra puerta, nos diga que quiere formar parte de nuestro equipo y nos pida ayuda para crear una empresa. Esto no funciona así. Debemos vivir en voz alta en las redes sociales, y no en páginas separadas que compartimentan nuestros papeles. Soy esposa, madre, abuela, pastora, autora, oradora y entrenadora de salud en una sola página de Facebook. Y lo mismo en otras redes sociales. No oculto nada. Todo está ahí porque la gente quiere autenticidad y vulnerabilidad, no una página o presentación que parezca que estás intentando engancharles o venderles algo.

Mi primer motivo siempre han sido las personas. Hago lo que hago para ayudar a la gente, no para conseguir más o llegar más alto, aunque eso suele ocurrir cuando uno hace aquello para lo que ha sido llamado. Pero trabajo muy duro para asegurarme de que mi visión sigue centrada en satisfacer las necesidades de las personas. Eso no se detuvo cuando este negocio empezó a crecer. Decidí que no iba a vender, presionar o tratar de manipular a un cliente o enganchar a un entrenador. Iba a hacer esto sólo porque pensaba que la gente necesitaba lo que el negocio ofrecía para su salud, sus finanzas, su vida en general y su futuro.

Cuando mi entrenador me dijo que este negocio podía pasar a mis hijos y nietos, ese se convirtió en nuestro siguiente por qué. Significaba que podríamos dejarles algo más que un legado. Podríamos dejar una herencia.

Hemos estado en el ministerio a tiempo completo desde 1984 y no teníamos nada que dejar a nuestros hijos. No teníamos una cuenta de jubilación y, aunque sabíamos que cobraríamos la Seguridad Social, no esperábamos que eso pagara nuestras facturas, ni siquiera viviendo al nivel al que nos habíamos acostumbrado como misioneros. Ray tenía una pequeña herencia, pero la habíamos cobrado hacía mucho tiempo. Confiábamos en Dios para nuestro futuro. Pero también queríamos dejar algo a nuestros hijos y nietos.

Ésos son los motivos por los que seguimos adelante. Y han bendecido nuestras vidas y las vidas de muchos, muchos otros.

TU SUEÑO Y TU POR QUÉ

Dirigí una escuela sobre liderazgo en Iowa que comenzó cuando vivíamos en Nashville. Gran parte de nuestro enfoque era cambiar de esa mentalidad de vivir sólo en una unción sacerdotal a entrar también en una unción de realeza. Uno de los requisitos era leer un libro al mes y escribir un informe sobre el, y uno de los libros que asigné era de uno de nuestros mentores: De Feligrés a Millonario (Church Boy to Millionaire) por Doug Wood. Doug fue propietario de una tienda de muebles durante años, pero tenía sobrepeso y, en general, no gozaba de buena salud y atravesaba tiempos difíciles, hasta el punto de declararse en quiebra. Era una situación terrible.

Ahora Doug es uno de los mejores entrenadores de nuestra empresa y gana siete cifras al mes. En la portada del libro aparece con un bonito traje y sentado en un sillón de cuero.

Él fue quien acuñó el término "Negocerio". Algunos de mis alumnos no estaban seguros de qué pensar del libro al principio. Un alumno pensó: *"¿Qué va a intentar venderme este tipo con ese traje tan bonito y esa silla de cuero?* Pero una vez que se adentraron en el libro, quedaron cautivados. Uno de los informes era de una mujer que necesitaba perder unos ochenta kilos, y escribió que su espíritu se sintonizó cuando Doug hablaba de ser empresario. Dijo que sabía que eso corría por las venas de su familia y que quería dedicarse a ello porque pensaba que le encantaría.

Le envié un mensaje a esta estudiante para decirle que había leído su informe y que quería hablar con ella. Le dijo a su marido que le había enviado un mensaje y que quería hablar con ella. Pensó que debía de haber hecho algo mal, pero un par de días después hablamos por videollamada y se lo expliqué. (Si estás preparada para hacer crecer tu propio negocio/negocerio y ser una empresaria, Ray y yo también podemos ayudarte).

"Vi lo que escribiste en tu informe, y sé que quieres ser una empresaria. Tengo un negocio para ti".

Después de hablar un rato, me dijo que quería hacerlo. Se convirtió en cliente y entrenadora al mismo tiempo, y antes incluso de empezar el programa, ya había patrocinado a tres personas. Su mentalidad ya había cambiado. No le preocupaba lo que pudiera pensar la gente en Facebook ni que pudiera parecer que estaba intentando vender algo. Tenía un regalo que ofrecer y fue a por él. Tenía un objetivo para su familia, un gran porqué que la hizo avanzar sin dudarlo. Lo ha hecho increíble como entrenadora de salud en nuestro equipo, y ha perdido esos más de ochenta kilos de peso y ha aprendido a mantenerlos de por vida.

La mayoría de la gente no llega a donde quiere porque no tiene un por qué. Conseguimos que los entrenadores se unan a nosotros porque están motivados por un por qué. Saben lo que quieren. Algunos tienen historias increíbles. Una trabajó en higiene dental durante veinticuatro años. Fue capaz de reemplazar sus ingresos en seis meses de programa. Tiene cinco hijos, uno de los cuales nació con el cordón umbilical alrededor del cuello. Los médicos le dijeron que nunca hablaría ni podría ir a la escuela, pero lo ha hecho; hace poco terminó el bachillerato. Ahora lo están poniendo en una escuela que le enseñará a hablar. Cuesta 4.000 dólares al mes. Nunca habría sucedido si ella no hubiera actuado en consecuencia. Ahora es una de las mejores entrenadoras de nuestra organización.

Mucha gente mira a estas personas desde fuera y piensa que sólo quieren ganar dinero, que la riqueza es su razón de ser. Vivimos en una sociedad muy crítica, incluso dentro de la Iglesia, siento decirlo, en la que la gente no entiende la historia que hay detrás de lo que ve, pero se siente libre de juzgarlo de todos modos. El porqué de esta ex trabajadora de higiene dental incluía una necesidad muy real de que su hijo recibiera cuidados si algo les sucedía a ella y a su marido. Su negocio creció sobrenaturalmente rápido porque todos los que se acercaban a menos de cinco pies de ella se enteraban de cómo había perdido cien libras. Dios le dio soluciones a los porqués que la impulsaban.

La mayoría de la gente no entiende el poder de lo que las finanzas pueden hacer por su familia, iglesia, comunidad o nación. Piensan en términos de suma en lugar de multiplicación, y como la suma puede ser tan lenta, se desaniman. Su forma de pensar es limitada. Así que, una cosa que hago cuando hablo con un entrenador potencial es lo que llamamos una "evaluación de sueños". Hago una videollamada con ellos y me meto en sus vidas y sus sueños.

Primero les pediré que me hablen de sus vidas: cuántos hijos tienen, si son padres solteros o pareja, su situación laboral, etcétera. Si hablo con una madre soltera que intenta cuidar de dos hijos mientras compagina tres trabajos, no voy a preguntarle: "¿Qué harían por ti otros 25.000 dólares al mes?". Mentalmente ella no podría llegar a eso. ¿Pero otros mil o dos mil al mes? Esa es una cantidad concebible de dinero extra que ayudaría a avivar esos sueños. Podría dejar uno de sus trabajos. Le digo que podemos ayudarla a lograrlo.

En el otro extremo del espectro, hice una evaluación de sueños con una enfermera practicante cuyo marido era enfermero de cuidados intensivos. En la videollamada, me di cuenta de que vivían en una casa confortable. Así que le pregunté: "Si el dinero no fuera un factor, ¿qué harías que no puedes hacer ahora?". Todo el mundo tiene una lista de deseos, ¿verdad? Ya sea escalar el monte Kilimanjaro, enviar a su hijo a una escuela especial o transformar una nación. La suya era hacer un crucero de seis meses que costaría unos 40.000 dólares.

"Yo podría pagarlo en un mes", le dije. Eso despertó su interés rápidamente.

"¡Hagámoslo!", exclamó. Se subió a bordo y hoy está construyendo un negocio fenomenal. También está ayudando a muchas personas del hospital en el que trabaja a perder peso y estar sanas.

Imagínense: ¡una asesora de salud que ayuda a una comunidad de salud a estar saludable! Su marido acaba de jubilarse como enfermero de cuidados intensivos. Por fin pueden hacer muchas de las cosas que Dios ha puesto en sus corazones.

Vivimos tiempos económicos tumultuosos. La gente necesita dinero extra. Más de dos tercios de los estadounidenses viven al día y tienen menos de 1.000 dólares en su cuenta bancaria, según las estadísticas anteriores a COVID. Estas estadísticas son aún más altas ahora. Existen muchas oportunidades que la gente no aprovecha porque no ven las posibilidades, están atrapados en formas de pensar limitantes o tienen miedo de dar el siguiente paso.

Esas cifras incluyen a muchos en la iglesia. Hay varias razones por las que la gente no acude en masa a las puertas de nuestra iglesia, y una de ellas es que muchos de nosotros vivimos al día y nos declaramos en bancarrota. Observan estilos de vida que no concuerdan con nuestras enseñanzas y creencias y rechazan cualquier idea de aprender de nosotros. Como pastora, me quedaba despierta por la noche preguntándome por qué la gente de ahí afuera no querría lo que nosotros tenemos. ¿Por qué no llamaban a nuestras puertas? Entre otras razones, la mayoría de los cristianos no saben estar con los reyes y honrar a los que son bendecidos económicamente y siempre están pidiendo dinero.

Tenemos la misión de conseguir que la Iglesia y el mundo estén sanos no sólo en espíritu, mente y cuerpo, sino también en finanzas, porque el dinero es un enorme factor de estrés que afecta a la salud, las relaciones y el estilo de vida. El estrés financiero contribuye al aumento de peso y al divorcio. La mayoría de la gente está tan acostumbrada a poner trabas a su visión que ya no sabe cómo esperar o soñar. Se han resignado al statu quo o a la lenta y ardua escalada para salir de el. Cuando hago una evaluación de los sueños, abordamos todo eso.

Fíjate que se trata de hacer preguntas. En el mundo evangélico, hemos sido muy dados a dar información, incluso antes de llegar a conocer a la persona con la que estamos hablando. Lo nuestro es "contar, contar, contar". Pero cuando llegamos a conocer a las personas y construimos una relación con ellas, no tenemos que centrarnos en contar y vender. Animamos, entrenamos, desafiamos y caminamos con ellos hacia su promoción, y las vidas cambian.

Ese es un gran por qué. De eso se trata. Cuanta más gente da un paso hacia los sueños y destinos que Dios les ha dado, más rápidamente el Reino avanza.

Hace un par de años recibí un "premio al sueño" por despertar sueños en la gente. No tenía ni idea de que me lo hubieran concedido, pero en un acto celebrado en Phoenix, una de mis hijas espirituales de Atlanta me dijo que me había nominado. De los varios cientos de entrenadores que había en la sala, quince o veinte recibirían uno de estos premios, así que no me lo esperaba. Pero cuando el presentador dijo: "Esta persona hizo crecer su negocio la mitad del tiempo desde Cuba", rompí a llorar. Me encanta sacar sueños de personas y verlos salir de sus limitaciones autoimpuestas, ya sea en Cuba, relaciones personales, o entrenadores en nuestra organización.

También me encanta hacer que la Iglesia sea más hermosa, llena de esperanza y expectación, amor y honor, generosidad y bendición. Me encanta construir el Reino en todos sus aspectos.

CAVANDO TUS POZOS DE ESPERANZA

Una vez que la gente tiene un sueño, cuando sabe su por qué, la siguiente gran pregunta es cómo avanzar hacia el. La gente quiere ir del punto A al punto B. Pero no siempre se trata sólo de dar los pasos adecuados o de seguir un plan de acción concreto. Eso puede ser parte de ello, pero incluso antes de llegar allí, implica abrirte a lo que tu Padre quiere hacer y darte cuenta de las oportunidades que Él pone delante de ti.

Por ejemplo, nosotros no queríamos montar un negocio, aunque era un sueño en lo más recóndito de nuestros corazones y mentes. Ni siquiera estaba en nuestro radar. Fue algo que Dios trajo a nuestras vidas a través de relaciones y circunstancias, mientras cumplíamos con nuestra tarea y nos ocupábamos de nuestros propios asuntos.

Tengo todo un mensaje que predico sobre lo que ocurre cuando te ocupas de tus propios asuntos y estás alineado con el Reino de Dios. Gedeón estaba golpeando las gavillas en un lagar cuando el ángel apareció y le dijo que librara a Israel de los filisteos. Saúl estaba buscando las ovejas perdidas de su padre cuando Samuel lo encontró y le dijo que sería el primer rey de Israel. Eliseo estaba arando sus campos cuando Elías le echó encima su manto y lo eligió para que continuara la misión del profeta. Lo que estuviera haciendo María cuando Gabriel le anunció que daría a luz a Dios, seguro que no se lo esperaba. Todos estaban ocupados en sus propios asuntos cuando Dios intervino con sus grandes planes para el Reino.

Si usted está alineado con el Reino de Dios, si es una persona de Mateo 6:33 que está buscando su Reino y su justicia primero, Dios entrará en sus días en momentos inesperados y lo guiará hacia su próxima asignación en el Reino, cualquiera que ésta sea. Eso no significa que debas ser completamente pasivo, necesitarás mantener los ojos abiertos y perseguir tus sueños del Reino en la medida que puedas, pero Dios muy a menudo aparece cuando estás ocupado en tus propios asuntos.

Tuve muchas ideas de negocios a lo largo de los años. Empecé a trabajar a los 15 años porque si los niños de nuestra familia queríamos algo extra, teníamos que conseguirlo por nuestra cuenta. Hemos hecho muchas cosas a lo largo de los años, pero nada parecía ser "la cosa". La que realmente despegó en los últimos años fue la que ni siquiera buscábamos. Nunca previmos tener un negocio multimillonario sin gastos generales y no podríamos haberlo planeado aunque lo hubiéramos intentado.

Creo que a muchas personas en el ministerio les encantaría tener su propio negocio porque saben lo que es vender plasma sanguíneo para salir adelante. Muchos se han dado de baja de la Seguridad Social, no tienen plan de jubilación y empiezan a preguntarse cómo les va a ir. Miran hacia el futuro y piensan que una fuente extra de ingresos podría serles realmente útil. También saben que muchos de sus sueños dependen de una financiación que actualmente no tienen y que no saben cómo conseguir. Hace poco, un pastor me dijo que sólo le quedaba esperar que uno de sus cinco hijos les quisiera lo suficiente a él y a su mujer para cuidar de ellos cuando envejecieran, ya que no tienen cuenta de jubilación y saben muy bien que la Seguridad Social no se hará cargo de sus facturas.

A veces es mucho más fácil soñar para otras personas que para nosotros mismos. Pasé gran parte de mi vida tratando de ayudar a otras personas a caminar en su destino dado por Dios, incluso recibí ese "premio al sueño" por ayudar a otros a desbloquear sus sueños, pero con el tiempo me di cuenta de que tenía problemas para descifrar mis propios sueños. No era algo en lo que realmente hubiera pensado. Siempre he sido capaz de vislumbrar todo tipo de oportunidades y metas ministeriales, en las que obviamente he tenido un gran interés. Esos también eran mis sueños. ¿Pero en términos de desbloquear los sueños personales que Dios quería cumplir para mí? Esa era otra historia. Eso tenía que cambiar, ¡y cambió! Dios es el mejor soñador y me ha enseñado a soñar.

No hay nada malo en disfrutar de lo que Dios nos ha dado. Ser pobre y sufrir no son obligaciones espirituales. Sí necesitamos saber sufrir. Si Jesús no hubiera sufrido, no habría podido identificarse con los que sufren. Nosotros también necesitamos esa experiencia y esa capacidad. Pero eso no es lo mismo que abrazar la pobreza y el sufrimiento de por vida por sí mismos como una virtud espiritual. Como ya dije, tenemos que saber estar tanto con los pobres como con los reyes. Debemos sentirnos cómodos en ambos ámbitos.

En mis dos primeros años de trabajo en Cuba, iba cada cuatro o seis semanas para ayudarles a cultivar la idea de soñar y cavar pozos de esperanza. Sugerí celebrar una conferencia de pastores y me dijeron: "No podemos hacer eso aquí".

"¿Por qué no? pregunté. Comprendí que vivían bajo muchas restricciones y opresión, pero también conocía al Dios que vive por encima de ellos.

"No lo entiendes", me dijeron. "Es que no podemos hacerlo".

Finalmente les convencí de que sí podíamos.

Entonces dijeron: "De acuerdo, invitaremos a veinticinco pastores de toda la isla".

Sabía que eso no era un factor de multiplicación para la transformación. El Reino de Dios consiste en multiplicar, no en sumar. "No, hagámosla con 100 pastores", respondí.

"¿Qué? ¿Cómo vamos a pagar eso, con todo el alojamiento, la comida, el transporte y todo lo demás?".

En aquella época, los pastores ganaban unos 15 dólares al mes y no iban a poder pagar el viaje por todo el país para un evento de tres días.

"No se preocupen por las finanzas. Yo me ocuparé de eso", les aseguré.

Así que celebramos nuestra primera conferencia de pastores de tres días. Fue increíble. Asistieron pastores de todo el país y, como resultado, el Reino de Dios está avanzando exponencialmente en Cuba. Nuestra red supervisa ahora 350 iglesias en esa hermosa nación.

Desde aquel primer acontecimiento en 2006, toda la perspectiva de ellos ha cambiado. "Adivina qué, mamá", me dijeron un par de años después. "Tuvimos una conferencia de jóvenes y la pagamos nosotros mismos. Vinieron jóvenes de todo el país".

Habían aprendido a soñar, y no sólo a soñar con ilusión, sino a dar pasos de fe hacia sus sueños. Ahora, cuando voy a Cuba, puedo tomarme un café cubano con ellos, sentarme en un sillón durante un rato y ver a estos hijos e hijas hacer lo que antes creían imposible.

Cuando sólo nos presentamos como sacerdotes, esperando que todo salga bien, orando y ayunando y cruzando los dedos para poder pagarlo, nos hemos rendido a una perspectiva limitada que no abarca la totalidad de la vida del Reino. Mi mente ha cambiado completamente de ese enfoque a lo largo de los años. Podemos hacer mucho más. Y hay muchos más por qué para mantenernos en movimiento hacia ello.

CONCLUSIONES

En palabras de mi amigo Matt Sorger, "Dios está rompiendo el molde". Él está sacando a su pueblo de esas falsas suposiciones de que el trabajo del ministerio es hecho por ministros y apoyado por empresarios, y que carecer de recursos es de alguna manera espiritual. Dios quiere prosperar a todo su pueblo. Él quiere convertir a muchos ministros en hombres de negocios y a muchos hombres de negocios en ministros, porque el trabajo del ministerio es hecho por todos y financiado por todos. Él está borrando y eliminando esas divisiones y limitaciones que nos hemos puesto a nosotros mismos. Él quiere bendecirnos como canales de su Reino para que podamos ayudar a transformar el mundo.

Para ello, tenemos que salir de la barca y enfrentarnos a las olas, como hizo Pedro cuando Jesús le llamó en medio de la tormenta. Todos nos encontramos en tormentas de vez en cuando.

Pedro también. Pero no se limitó a salir en medio de la tormenta, sino que también intentó caminar en ella. La gente salta de los barcos al agua todos los días. Cualquiera puede hacerlo. Pero el milagro es caminar sobre las aguas después de abandonar la barca. Eso significa dejar lo familiar por lo desconocido, tal como hemos hecho yo y otros que han compartido sus historias en este libro. Él quiere que su pueblo deje atrás sus malentendidos acerca de la bendición y la abundancia en nuestros espíritus, almas, cuerpos y finanzas, y que abrace nuevos caminos y dé nuevos pasos de fe hacia las mayores bendiciones que Él ha planeado para nosotros.

Escucha la invitación de Dios a salir de lo viejo y entrar en lo nuevo. Te llama a cavar pozos de esperanza en tu vida y en la de los demás. Te está invitando a cambiar tu forma de pensar y a sentirte cómodo en el reino de los sacerdotes y los reyes. Él ya te ha colocado en lugares celestiales con la autoridad del Cielo, y ha llenado tu vida con una multitud de por qué que te llevarán hacia tu destino. Y Él ha prometido prepararte para ese destino abriendo puertas y caminando a través de ellas contigo, tal vez incluso mientras estás ocupado en tus propios asuntos.

En otras palabras, tienes todo lo que necesitas para este viaje. El siguiente paso comienza hoy.

Dr. Leanne Goff
Entrenadora Transformacional

INFORMACIÓN DE CONTACTO DEL MINISTERIO

info@leannegoffministries.org

www.facebook.com/LeanneGoffMinisterios

www.linkedin.com/in/leannegoffministerios

https://www.instagram.com/leannegoffministerios/

Para más información sobre cómo invitar a Leanne a predicar, próximas conferencias, Viajes de Visión Internacional, o para comprar artículos de nuestra tienda web, por favor visite nuestro sitio web en:

www.leannegoffministries.org

VIAJES DE VISIÓN INTERNACIONAL DE LGM

Los Viajes de Visión de LGM son la experiencia de toda una vida.

El propósito de nuestros Viajes de Visión Internacional es proclamar la salvación del Reino, el amor del Padre, y demostrar señales, maravillas y milagros a aquellos desesperadamente necesitados de una revelación de sus identidades como hijos e hijas de Dios.

¿Está USTED listo para una aventura de la Familia del Reino?

Vaya a:

http://www.leannegoffministries.org/visiontrips

MÁS SOBRE DR. LEANNE GOFF

UNA VIDA CRISTIANA SIN DIOS COMO PADRE

Realmente no conocemos a Dios, como Él desea ser conocido, hasta que lo conocemos como Padre. Cuando empezamos a ver la centralidad de esta verdad en la Biblia, tenemos un nuevo libro en nuestras manos. Leanne nos guía a través de las épocas más dolorosas de su vida. Ella salió no sólo una presentación de lo que significa llamar a Dios "Padre", pero ella también ha llegado a una alineación de gran alcance con el Reino de Dios: El negocio Familiar. Ella se ha convertido en su mensaje, señalando un camino claro, sobre cómo convertirse en un hijo o hija de Dios

UN VIAJE A TU IDENTIDAD

Leanne utiliza la introducción de este mensaje de Leif Hetland, su padre espiritual, como trampolín para mostrarnos el valor y la importancia de inclinar nuestros corazones hacia el corazón de Dio como Padre, así como de los padres y madres espirituales. Cuando nos inclinemos hacia sus corazones y nos alineemos, recibiremos los secretos del Reino, como lo hizo Juan el Amado, y seguiremos adelante en nuestra misión y cumpliremos nuestro destino.

MISIONERA Y MILLONARIA

TRANSFORMANDO CULTURAS COMO SACERDOTES Y REYES

Dr. Leanne Goff es una líder catalizadora. Como entrenadora transformacional, una de las mayores pasiones de Leanne es equipar y empoderar a otros para que experimenten una transformación en su espíritu, alma, cuerpo y finanzas. Leanne es autora, conferencista internacional, empresaria, entrenador de salud y propietaria de un negocio. Leanne es un ministro llena de poder en el tema de la identidad y el destino, así como en la transformación de culturas como sacerdotes y reyes. Ella transmite su mensaje de transformación con relevancia, ingenio e intensidad. Leanne ha sido mentoreada personalmente por Leif Hetland y formada como Consultora de las 7 Montes por Lance Wallnau. Leanne es una ministra ordenada por la Red Apostólica de Randy Clark (ANGA), y está asociada con el Ministerio Internacional Cosecha de Che Ahn (HIM) (en Pasadena, California.

El sentido del mensaje de Leanne es un mensaje del Reino de representar a Dios como Padre, como un Padre bueno, ¡buenísimo! Es un Padre que no nos tolera, sino que celebra a sus amados hijos e hijas. Aunque Leanne es catalogada como una "Entrenadora Transformacional" no hay otro título que ella ame más que ser "Una Pequeña Niña Con Un Gran Papá".

Conéctate con Leanne hoy en: info@leannegoffministries.org